よくわかるクモの体

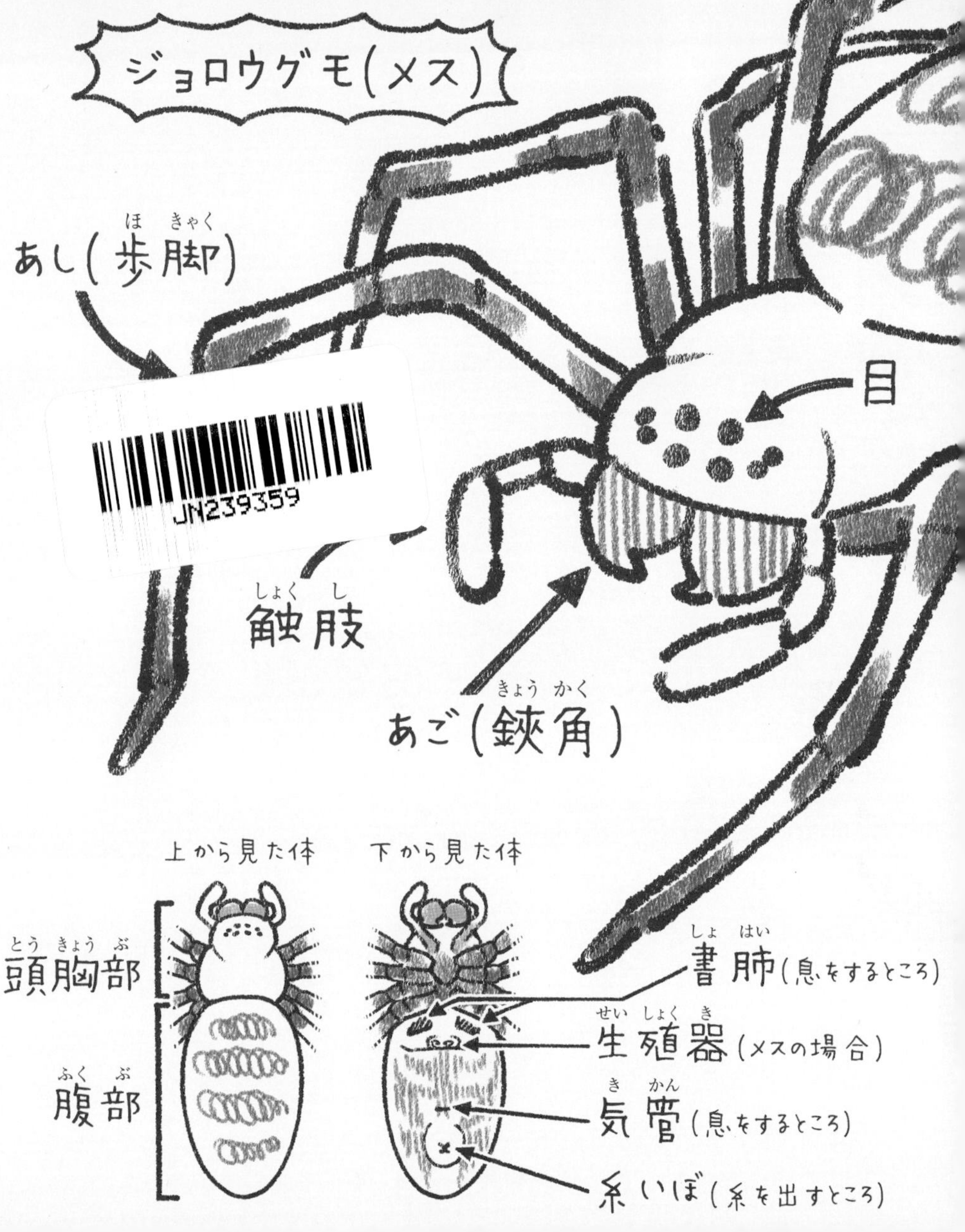

ジョロウグモ(メス)
あし(歩脚《ほきゃく》)
目
触肢《しょくし》
あご(鋏角《きょうかく》)
上から見た体
下から見た体
頭胸部《とうきょうぶ》
腹部《ふくぶ》
書肺《しょはい》(息をするところ)
生殖器《せいしょくき》(メスの場合)
気管《きかん》(息をするところ)
糸いぼ(糸を出すところ)

クモの網《あみ》の真ん中にある
白い帯《おび》はなにかな？

白帯《はくたい》にはなにかを引きよせる役割《やくわり》があります。それは……（64ページ参照《さんしょう》）。

いろいろなクモがいるよ!!

ナガコガネグモ

チリイソウロウグモ（左下）、スズミグモ

アカオビハエトリ

クモの正面

アオオビハエトリ

コケオニグモ

ケワイグモのなかま

イナダハリゲコモリグモ

地面にかくれた巣《す》あなを発見！

巣あなの上に地面そっくりのふたがかぶせてあります。

キムラグモのなかま

びっくり!! 水の中で
一生くらすクモ

ミズグモは体に空気のあわをまとって水中を動き、獲物《えもの》をさがします。

知れば楽しい
クモの世界
～網のひみつと忍者のような能力!?～

馬場友希

もくじ

はじめに 4

第1章 クモってどんな生きもの？……7

クモは昆虫《こんちゅう》じゃない！……8
すごいぞ、クモの糸……12
なんのために毒《どく》を持つの？……18
エサの食べ方・脱皮《だっぴ》のしかた……20
こんなにちがうオスとメス……24
ダンスでアピール！……27
愛情《あいじょう》たっぷりの子育て……30
世界に何種類《なんしゅるい》いるの？……35

チャレンジ！「クモ クイズ」……38

第2章 クモの網《あみ》と忍者《にんじゃ》のような能力《のうりょく》……39

円網《えんもう》のひみつ……40
おどろきの工夫《くふう》！ 立体的《りったいてき》な網……46
こんなにいっぱい・奇想天外《きそうてんがい》な網……50
他人の家に居候《いそうろう》？……54
忍法《にんぽう》、かくれ身の術《じゅつ》！……58
紫外線《しがいせん》を利用《りよう》した狩《か》り……62
アリに変装《へんそう》！ 化けるクモ……66
ニンニン、水とんの術・ムササビの術……69

第3章　クモと人のつながり……75

陸上《りくじょう》の王者……76
クモをさがしてみよう……78
クモを採集《さいしゅう》しよう……84
クモとのふれ合い……87
クモたちの宇宙《うちゅう》ぼうけん……90
ゆめの素材《そざい》　クモの糸……93
チャレンジ！「クモ クイズ」答え……96

第4章　クモを研究する……97

行動を調べる……98
新種を発見！……104
農業と生きもののにぎわい……110
田んぼのクモを調べる……112
出合いは夏休みの自由研究……120
思い出のイソハエトリ……123
研究者への道……127
生きものの研究はおもしろい！……132

おわりに　135
自由研究のタネ　137
クモに関《かん》する本・ウェブサイト　140

表紙の写真：ムツトゲイセキグモ

はじめに

　私《わたし》はクモの研究者です。クモといっても、空にうかぶ雲のことではありません。八本あしを持つクモのことです。私がクモの研究をしていると言うと、初《はじ》めて会う人に「なんでそんな虫を研究しているの？」とよくおどろかれます。しかし、それはしかたのないことかもしれません。だって、クモといえば、「毒《どく》グモ」だったり、こわい映画《えいが》に出てくる化けものだったりするイメージが強いですから……。

　でも、それは単《たん》にクモのことをよく知らないからだと思います。実は、クモは知れば知るほどおもしろい生きものなのです。どこがおもしろいかというと、クモは体から糸を出すことができますし、その糸を自由自在《じゆうじざい》に使って芸術的《げいじゅつてき》な網《あみ》をつくったり、空を飛《と》んだりできるのです。クモの糸や生態《せいたい》にはまだ私たちが知らない多くのひみつがかくされています。そんなクモの不思議《ふし ぎ》で多様なすがたにひかれて、私はクモの研究を始めました。

この本には、クモの生態の基本的《きほんてき》なことから、クモにしか見られないとてもユニークな行動やくらしぶりについて書いています。また、クモはほかの昆虫《こんちゅう》を食べることで自然界《しぜんかい》のバランスをとったり、農作物を守ってくれたりと、古くから私たち人間の生活にも深くかかわっていますので、人や環境《かんきょう》との関係《かんけい》についても紹介《しょうかい》したいと思います。この本を読んで生きものの研究をやってみたいと思う人もいるかもしれませんので、私がクモの研究者になったきっかけについても最後《さいご》に書きました。

みなさんがクモの世界、そして研究の世界に興味《きょうみ》を持ってくれたらとてもうれしいです。

さあ、クモの知られざる生態を見ていきましょう。

第1章
クモってどんな生きもの？

クモは昆虫《こんちゅう》じゃない！

みなさんはクモがどんな生きものか知っていますか？　クモは節足《せっそく》動物のなかまです。節足動物とはほねを持たず、代わりに体があつい皮（殻《から》）でおおわれていて、節《ふし》のある「あし」を持つ動物です。

この節足動物はいくつものグループに分かれていて、その中にはみなさんが知っている生きものもたくさんいます。いちばんなじみ深いのは昆虫でしょう。トンボやチョウ、カブトムシは、もちろん知っていますよね。また私《わたし》たちがおすし屋さんで食べるカニやエビも甲殻類《こうかくるい》というなかまで、これも節足動物のメンバーです。

では、クモは節足動物のなんというグループなのでしょうか？　昆虫や甲殻類とはちがう「クモ形類」というなかまにふくまれます。クモ形類には、

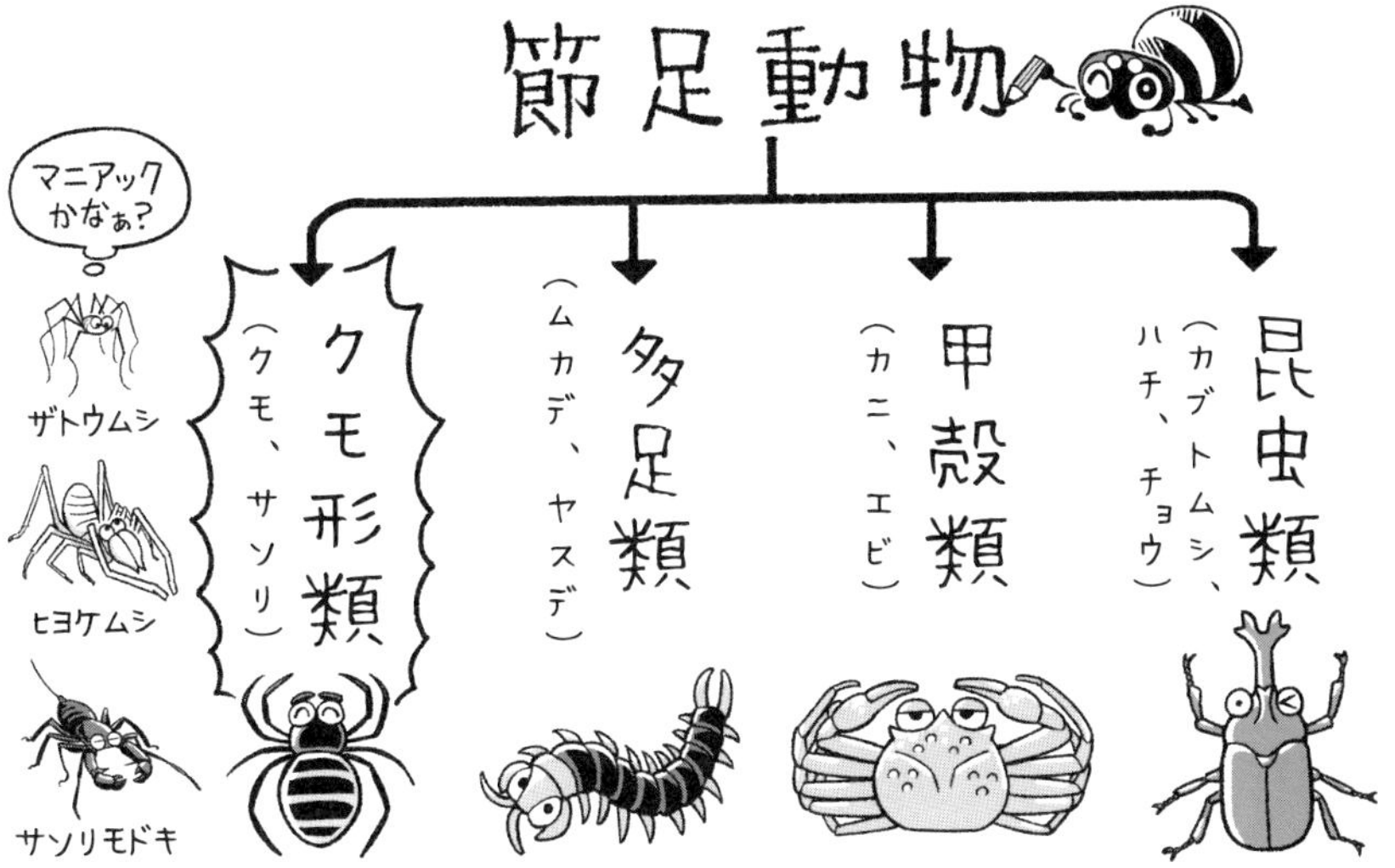

クモのほかにサソリやダニもふくまれます。もう少しマニアックなザトウムシ、ヒヨケムシ、サソリモドキなどもふくまれます。

クモは、人によっては「虫」と、ひとくくりにされているかもしれません。しかし、クモは昆虫とはちがうグループで、体のつくりにさまざまなちがいが見られます。そのちがいを見ていきましょう。

みなさんはクワガタムシやカブトムシ、チョウやトンボなどの昆虫をよく知っていると思います。一見、全然《ぜんぜん》ちがうすがたをしていますが、これらには頭・胸《むね》・腹《はら》の三つのパーツに分かれているという同じ特徴《とくちょう》があります。ところがクモはちがいます。クモは体のパーツの数が一つ少なくて、頭と胸がいっしょになった頭胸部《とうきょうぶ》と腹部《ふくぶ》の二つです。

次にクモのあしの数を数えてみましょう。何本あるか知っていますか？　昆虫《こんちゅう》は左右に三対《さんつい》、全部で六本のあしを持っていますが、クモは昆虫よりも二本多くて、左右に四対、全部で八本のあしがあります。また昆虫は、頭の先に「触角《しょっかく》」という音やにおいを感じるセンサーを持っています。クモの場合は、頭の先に「鋏角《きょうかく》」という大きなあごがついていて、その横に「触肢《しょくし》」がついています。触肢は、触角と同じようににおいや味を感じるほかに、オスの場合は、交尾器《こうびき》としての役割《やくわり》も持っています。

クモは目が見えるのでしょうか？　もちろんクモにも目はあります。しかし、目のつくりは昆虫とはちがいます。昆虫は複眼《ふくがん》といって、たくさんの小さな目が集まった目をしていますが、クモは複眼ではありません。代わりに八つの目を持っています。

クモは、グループによって目のならび方がちがっていて、二列に四つずつならぶもの、三列にならぶものなど、さまざまです。おもしろいことに目の数もグループや種類《しゅるい》によってちがいます。多くのクモは目が八つなのですが、中には六つのものの、四つのものなどもあり、どうくつにすむクモの中には目を持たない種類もいます。どうくつの奥《おく》は真っ暗でなにも見えないので、目がいらなくなったと考えられます。

クモもほかの生きものと同じように呼吸《こきゅう》をします。私《わたし》たち人間の場合は、鼻や口から空気をすって、生きるために必要な酸素《さんそ》を取り

【昆虫とクモの目のちがい】

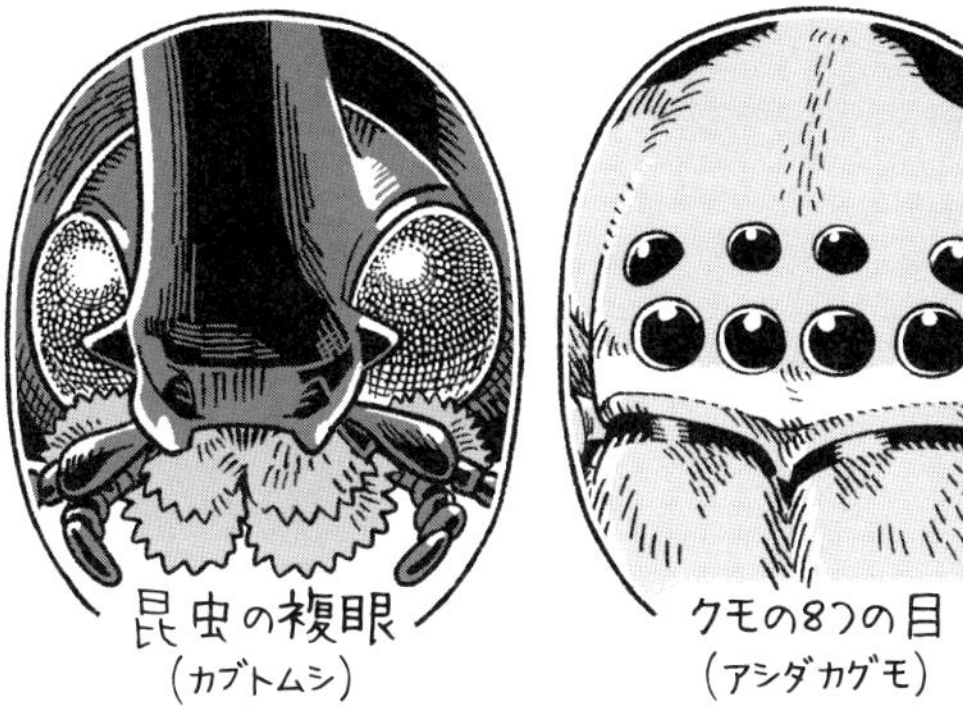

昆虫とクモでは見える世界がちがいます。

こみます。ところが、クモは口から息をすいません。では、どこで呼吸《こきゅう》をするのかというと、おなかのすき間から酸素《さんそ》を取り入れます。本のページのように重なり合った形をしているので、「書肺《しょはい》」とよびます。ほかにも「気《き》管《かん》」という呼吸器官《きかん》があります。昆虫《こんちゅう》も同じように体にあいたあなから空気を取り入れますが、それは「気門」とよばれています。書肺は、サソリやクモなどの一部のクモ形類《がたるい》にしか見られないユニークな呼吸器官なのです。

このように、節足《せっそく》動物のなかまでもグループによって大きく体のつくりがちがいます。外で昆虫やクモを見つけたら、ぜひ観察《かんさつ》してみてください。

すごいぞ、クモの糸

クモといえば、天井《てんじょう》から糸を引いてツツーッと下りてくるすがたを思いうかべる人も多いでしょう。そう、この糸を使うのがクモのとくいわざなのです。すべてのクモが糸を使うことができます。

この糸がなにでできているかというと、「タンパク質《しつ》」というものでできています。タンパク質は生きものの体をつくる大切なもので、私《わたし》たちの体の筋肉《きんにく》や内臓《ないぞう》や皮ふなども、これを原料《げんりょう》としてつくられています。いろいろな種類《しゅるい》のタンパク質があって、クモの糸をつくるのもそのひとつです。

クモの糸は、おなかの先についている「糸いぼ」というところから出てきます。この糸いぼは六つあり、いぼの先にはあながいくつもあって、そこから糸をつくる「腺《せん》」とつながっています。腺とは体の中のいろんな液体《えきたい》を出すための器官です。たとえば、人間のあせは皮ふの上にある汗腺《かんせん》から出ます。クモの糸は体の中では液体なのですが、外に出る途中《とちゅう》でかたまって糸になります。不思議《ふしぎ》ですね。

おもしろいことに、クモが使う糸の種類《しゅるい》は一つだけではありません。さまざまな性質《せいしつ》を持つ糸をつくることができます。たとえば、巣《す》のほね組みをつくるためのじょうぶな糸、獲物《えもの》をつかまえるためのべたべたした糸、卵《たまご》を守るための糸……など、使い道によっていろいろです。つまり、その場面ごとに性質のちがう糸を使い分けているのです。すごいでしょう？

クモはこの糸を使って、すごくじょうずに芸術品《げいじゅつひん》をつくることができます。それがクモの「網《あみ》」です。

網は、クモにとって「すみか」と、獲物をとらえるための「わな」をかねています。クモといえば網をつくるイメージがありますが、実はクモの半数近くの種は網をつくりません。では、のこりの半数はどうしているのかというと、地面にほったあなの中や花の上で獲物を待ちぶせたり、追いかけたりしています。

クモはふだんから糸を使います。たとえば、天井《てんじょう》を歩いているクモを落と

【クモの糸の種類】

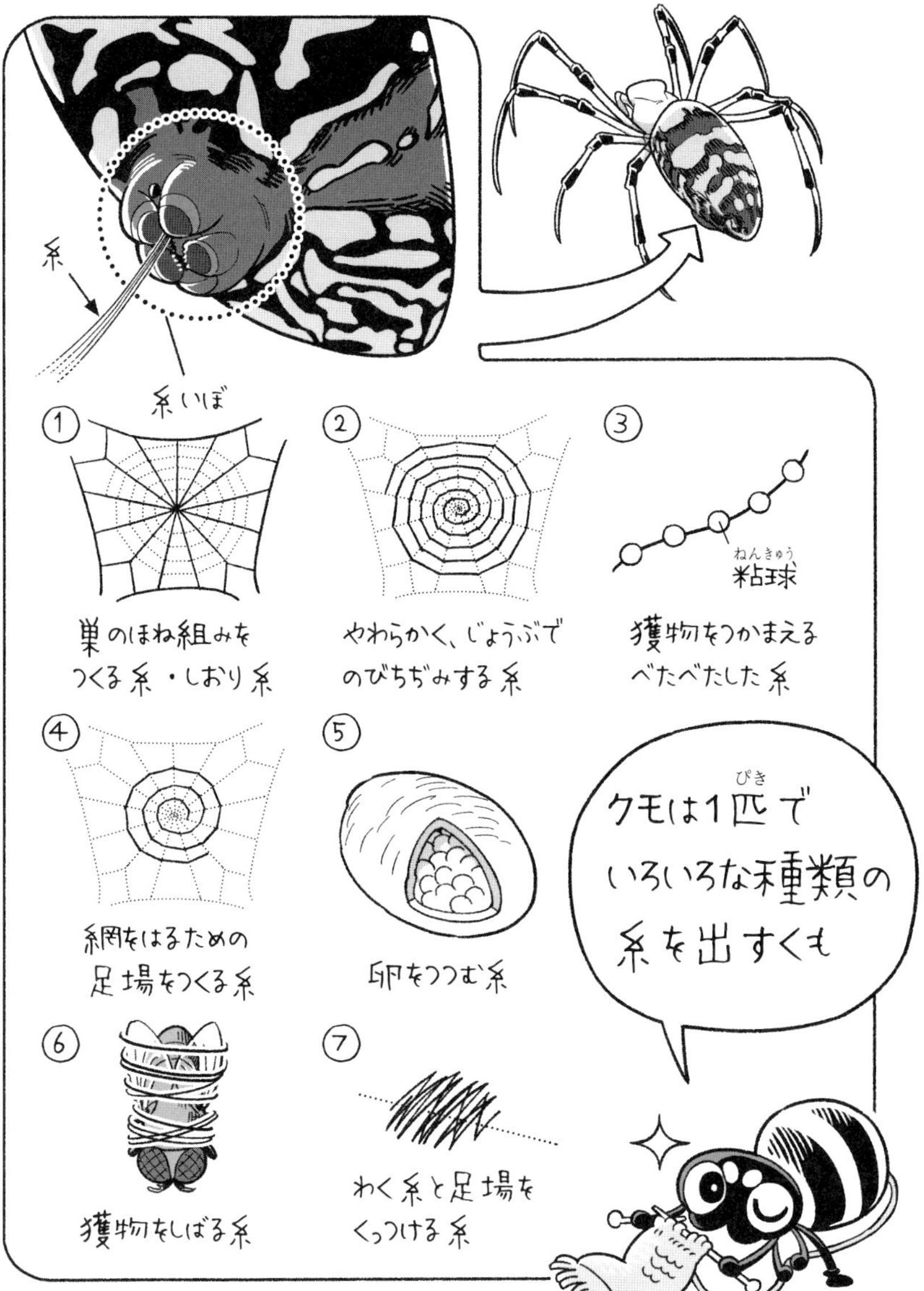

糸
糸いぼ
①
巣のほね組みをつくる糸・しおり糸
②
やわらかく、じょうぶでのびちぢみする糸
③
粘球《ねんきゅう》
獲物をつかまえるべたべたした糸
④
網をはるための足場をつくる糸
⑤
卵をつつむ糸
⑥
獲物をしばる糸
⑦
わく糸と足場をくっつける糸
クモは1匹《ぴき》でいろいろな種類の糸を出すくも

しても、そのまま床《ゆか》にたたきつけられることなく、糸でぶら下がることができます。このことからわかるように、クモは歩きながらつねに糸を引いていて、とつぜん敵《てき》におそわれて飛《と》びおりても、糸をつたってすぐに元の場所にもどることができます。この糸は「しおり糸」とよばれています。クモはいつでも、敵からにげられるように命綱《いのちづな》を用意しているのです。

クモはこの糸を使って、なんと空を飛ぶことができます。おなかの先の糸いぼから糸を空中に放ち、風に乗って移動《いどう》します。長い糸が風に流されると、クモはその風に引っぱられて空に飛び立ちます。この糸を使って空を飛ぶ行動は「バルーニング（空中飛行《ひこう》）」とよばれています。

多くのクモはそんなに遠くまで移動できませんが、うまく上昇気流《じょうしょうきりゅう》に乗れば、はるか数百キロメートル以上先《いじょうさき》まで移動できるといわれています。高度六〇〇〇メートルまで上昇したり、時には海をこえたりしてほかの国にたどり着くこともできるのです。

それでは、じっさい、どのくらいのクモが空を飛んでいるのでしょうか？　これを調べるために、むかし、福岡県《ふくおかけん》の田んぼで地面から一〇メートルの高さに虫とり網《あみ》を設置《せっち》して、空を飛んでいるクモをつかまえた調査《ちょうさ》がありました。三か月間、網を設置したところ、なんと八〇〇匹《ぴき》ものクモがつかまったそうです。そのほとんどは子グモでした。小さなクモは、ひんぱんに糸を使って空を飛んでいるようです。

たくさんのクモがこのバルーニングによって地上におり立つようすは、外国でも古くから知られています。その時、クモが飛んできた場所はたくさんのクモの糸でおおわれて、まるで白いベールがかかったようになります。日本でもよく晴れた風のない秋の青空に、光かがやくクモの糸が流れていくようすが見られて、とても神秘的《しんぴてき》な景色《けしき》だそうです。私《わたし》も外を歩いている時に、空中を飛ぶ小さなクモを何度か見たことがありますが、たくさんの糸が流れてくるようすはまだ見たことがありません。いつか見てみたいものです。

なんのために毒《どく》を持つの？

「毒グモ」という言葉のように、クモは毒を持った危険《きけん》な生きものというイメージを持つ人がいると思います。じっさいのところはどうなのでしょうか？

ほとんどのクモは、昆虫《こんちゅう》などの獲物《えもの》をまひさせるための毒を持っています。なぜなら、クモのエサとなる昆虫は、クモがかみついただけでは死なないからです。エサが暴《あば》れるとにげられてしまいますし、たとえば、バッタの強力なキックをくらうとクモ自身も大けがをしてしまいます。ですから獲物をつかまえるうえで、その動きを止めることはとても大事なのです。では、毒はどこでつくられているのでしょうか？　毒液《どくえき》は、頭の中にある「毒腺《どくせん》」でつくられていて、そこからのびる管《くだ》をつたって牙《きば》の先から出てきます。

クモの毒の成分《せいぶん》はとても複雑《ふくざつ》です。一つの化学物質《ぶっしつ》だけではなく、さまざまなものがミックスされており、クモの種類《しゅるい》によっても毒の成分はちがいます。これらの毒はいわゆる神経毒《しんけいどく》といって、昆虫の神経に作用することで、

【毒腺のしくみ】

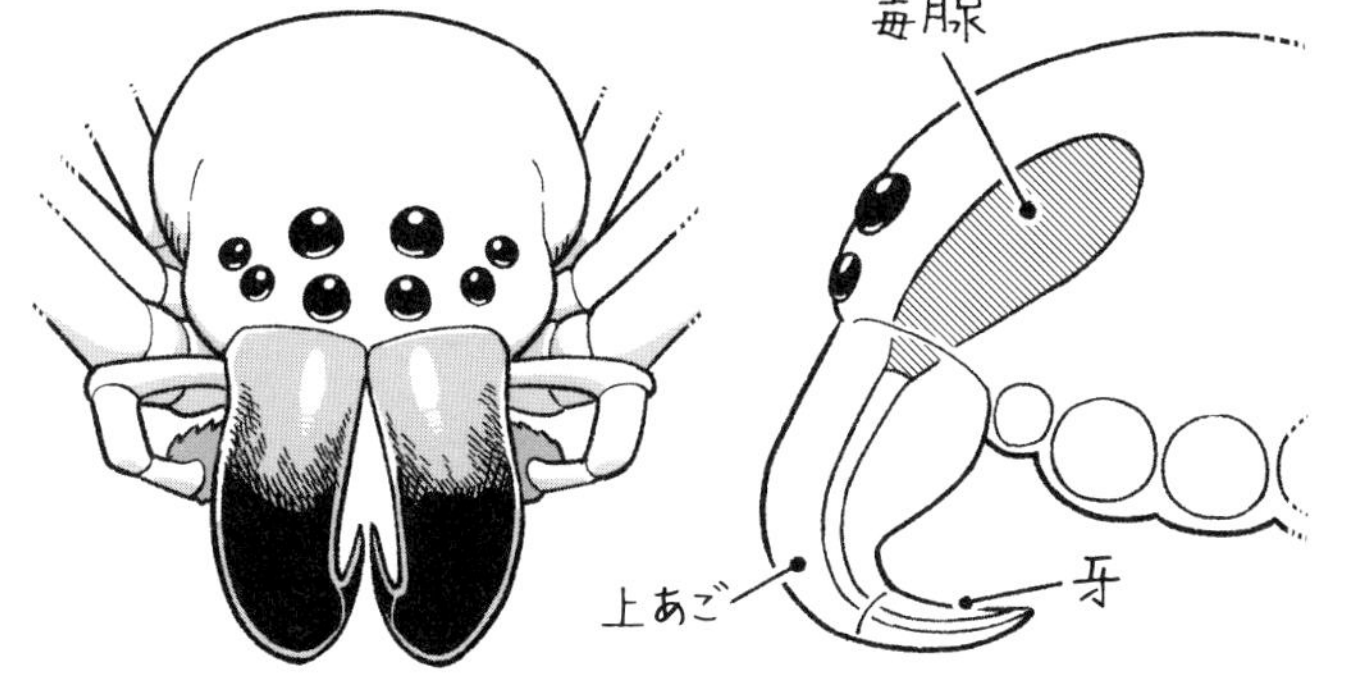

獲物をしびれさせます。では、人間がかまれても、しびれてしまうのでしょうか？　その点は心配ご無用《むよう》。人間と昆虫では神経どうしが情報《じょうほう》をやりとりするために使う化学物質《ぶっしつ》がちがうので、人間にはききません。ですから、もしクモにかまれた場合、いたみはあるものの、命をおびやかすことはないのでご安心ください。

けれど、一部の種類のクモの毒は人間にもきくことが知られています。日本には一〇〇〇種以上《いじょう》ものクモがいますが、そのうち人間に害《がい》をおよぼすクモはわずか四種ほどです（カバキコ

マチグモ・セアカゴケグモ・ハイイロゴケグモ・イトグモ）。それらは日常《にちじょう》生活でひんぱんに出合うことはありません。

クモの毒《どく》の効果《こうか》は複雑《ふくざつ》で、どのような作用を持つのかわかっていないものも多く、なぞにつつまれています。毒と薬というのは裏表《うらおもて》の存在《そんざい》です。毒はうまく使えば薬になりますし、逆《ぎゃく》に薬も使い方をまちがえれば毒となります。クモの毒もうまく使えば人間に役立つと期待されていて、クモの毒を殺虫剤《さっちゅうざい》や医薬品に利用《りよう》しようとする研究もあります。クモの毒は未知《みち》の物質《ぶっしつ》が多くふくまれているので、将来《しょうらい》人間の役に立つ可能性《かのうせい》を大いにひめているのです。

エサの食べ方・脱皮《だっぴ》のしかた

ここまでクモの体に注目しましたが、次はクモの生活を見ていきましょう。

クモはなにを食べているか知っていますか？　昆虫《こんちゅう》にはチョウの幼虫《ようちゅう》（イモムシ）のように植物を食べるもの、ハナバチのように花のみつや花粉《かふん》を食べるもの、カマキリやトンボのように生きた獲物《えもの》をとらえるものなど、グループによって食事のメニューがちがいます。ところがクモはほぼすべての種類《しゅるい》が肉食で、生きた昆虫を好《この》んで食べます。

獲物のとらえ方もとても独特《どくとく》です。カマキリなどの肉食の昆虫は、まず食べものを大きなあごでくだいて細かくし、それを胃《い》の中でとかします。これは私《わたし》たち人間も同じです。

ところがクモの場合はちがっていて、なんと体の外で獲物をとかしてしまいます。獲物をつかまえると、まずはするどい牙《きば》で毒液《どくえき》を注射《ちゅうしゃ》し、獲物をしびれさせます。次に獲物の体を消化液でとかし、あるていどとけるとその液をすすります。クモの口は人間のように食べものをすりつぶすための歯は持たず、平たい板でかこまれたあなになっていて、ここから液体をすいこみます。

クモもエサを食べてどんどん大きくなりますが、どのようにして大きくなるのでしょうか？　人間の場合は年をとるとほねが大きくなり、そのほねに合わせて体もどんどん大きくなります。しかし節足動物《せっそくどうぶつ》はほねがなく、代わりにあつい皮（殻《から》）を持っています。一度つくった殻はそれ以上《いじょう》大きくはなりません。ではどうやって体を大きくするのかというと、この殻の下にさらに新しい体をつくって古い殻をぬぎすてます。これを「脱皮《だっぴ》」とよびます。

カニも昆虫《こんちゅう》もクモも節足動物はすべて脱皮で成長《せいちょう》します。ただし、昆虫の中にはチョウやカブトムシのように、子どもの時はイモムシのすがたをしていて、さなぎの期間をはさんで、おとなになると大きくすがたをかえるものがいます。このように子どもとおとなで体の形が大きくかわることを「変《へん》態《たい》」といいます。変態する昆虫の多くはすがた形だけではなく、食べものもガラッとかわります。クモの場合は変態をしません。生まれた時から八本あしで、大きさ以外はおとなと同じすがたをしています。食べものもおとなと子どもでかわりません。

子どもからおとなになるまでの脱皮の回数は、クモの種類《しゅるい》によってちがいます。また、オスとメスでもちがいます。たとえばコガネグモの場合は、メスだと九～一一回、オスだと六～九回脱皮しておとなになります。

それではクモはいったい、どのくらい長く生きるのでしょうか？　多くのクモの寿命《じゅみょう》はだいたい一年ですが、それより短いものも多いです。ただし、グループによって寿命は大きくちがっていて、原始的《げんしてき》なクモほど長生きで、何年間も生きます。外国のクモ（カワリトタテグモ科）ではなんと四〇年以上生きたという記録《きろく》もあります。また多くの場合、メスのほうがオスよりも長生きです。オスは交尾《こうび》したあとすぐに死にますが、メスは交尾したあとも卵《たまご》を産《う》み、種類によっては子どもをしばらくの間、守ります。

こんなにちがうオスとメス

　多くの生きものにはオスとメスの性別《せいべつ》があり、さまざまなちがいが見られます。たとえばカブトムシでは、オスはりっぱな角を持ちますが、メスは持ちません。またクジャクでは、オスはとてもはでな羽根かざりを持ちますが、メスは地味です。私《わたし》たち人間も身長や体格《たいかく》は男女でもちがいがありますよね。クモもおもしろいことに、このオスとメスのちがいがとても大きな生きものとして知られています。

　まず目立つのが体格のちがいです。私たちが知っている生きものではライオンやカブトムシなど、だいたいオスのほうがメスよりも大きいイメージがあります。しかし、クモの場合は逆《ぎゃく》なのです。メスのほうがオスよりも体が大きく、その差《さ》も大きいのです。

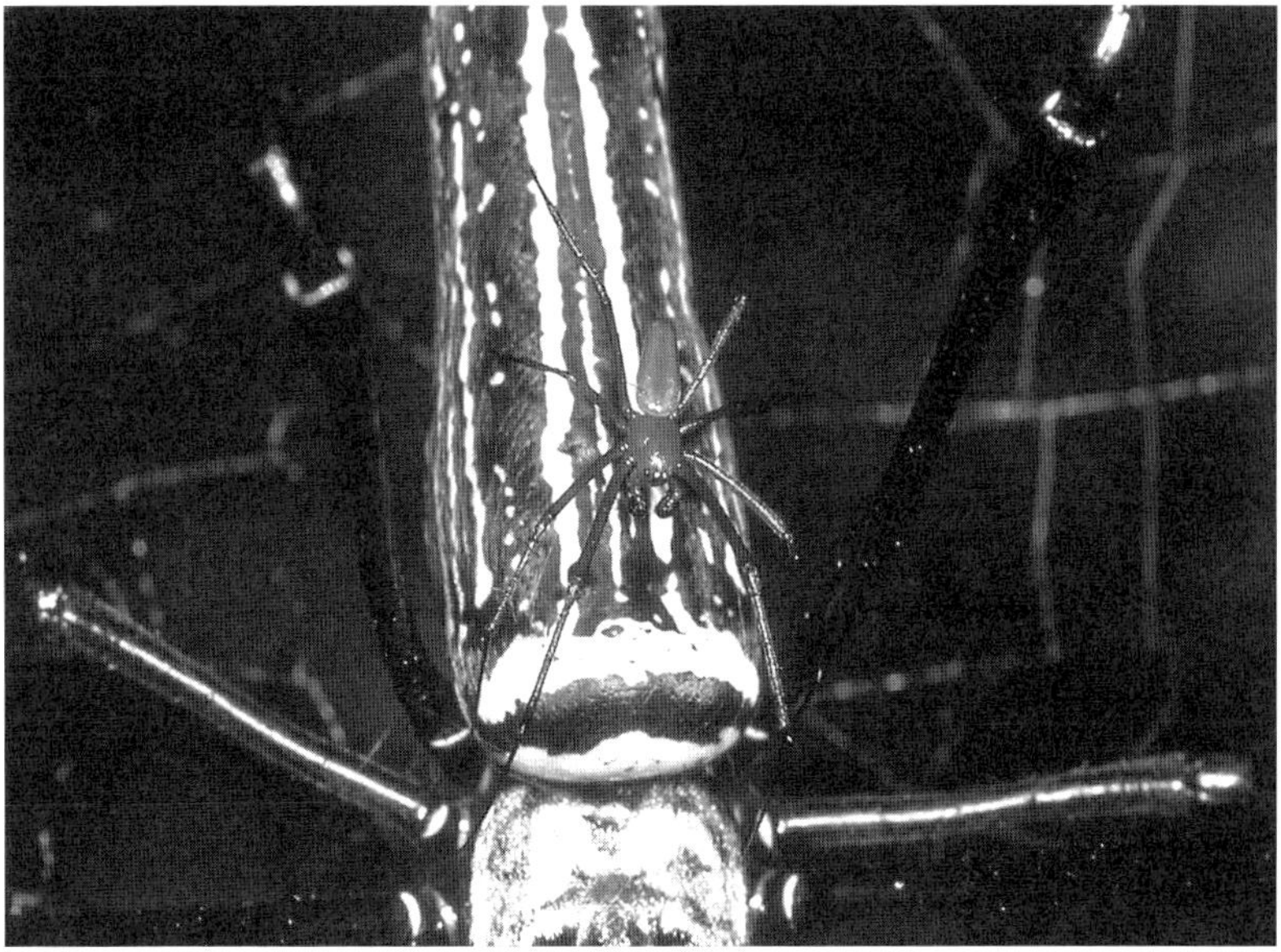
オオジョロウグモのオス（上）とメス（下）

たとえば、ジョロウグモのなかまではメスがオスよりも体長で五倍くらい大きいです。日本の南西部に生息する「オオジョロウグモ」は、オスはメスの頭くらいのサイズしかなく、体重ではなんと最大《さいだい》一〇〇倍もちがうことがあります。

メスがオスよりも大きいというちがいは、さまざまなクモのグループで見られます。とくに網《あみ》をはるクモでちがいが大きいです。なぜでしょうか？　いろいろな説《せつ》が考えられていますが、一つは体を大きくすることのメリットが、オスよりもメスのほうで大きいからだと考えられています。たとえば、メスは体を大きくするとその分、たくさん卵《たまご》を産《う》むことができますが、オスは卵を産みませんので、そのようなメリットがありません。

また、クワガタやカブトムシのようにメスをめぐってオスどうしが戦《たたか》う場合は、オスも体が大きいほうがよいかもしれません。ところがクモの場合、オスはメスの網《あみ》をさがしている最中《さいちゅう》に敵《てき》にねらわれて食べられて、多くの個《こ》体《たい》が死んでしまいます。ですから、そのようなオスどうしの戦いも起こりにくいと考えられています。

オスとメスのちがいは体格《たいかく》だけではありません。たとえば、ハエトリグモのなかまでは、オスとメスとで体の大きさにちがいはないのですが、見た目がまったくちがいます。メスジロハエトリは、メスは真っ白で、オスは黒と黄色のはでな模様《もよう》です。ハエトリグモのなかまはあまりにもオスとメスの見た目がちがいすぎて、同じ種《しゅ》でも別《べつ》の名前がつけられたこともあります。

なぜこのような見た目のちがいがあるのでしょうか？　ハエトリグモは目がとてもよく発達《はったつ》しているクモで、オスがメスに求愛《きゅうあい》する時に、メスはオスを見た目で選《えら》ぶことが関係《かんけい》しているようです。クモの求愛行動について、もう少しくわしく説明《せつめい》したいと思います。

ダンスでアピール！

人間の世界では、けっこんの意思を相手に伝《つた》えるためにプロポーズをします。実は野生の生きものの世界でもこのプロポーズ、すなわち「求愛」が見られます。オスはさまざまな方法《ほうほう》で自分をアピールし、メスはそれをもとに相手としてふさわしいかを判断《はんだん》します。求愛の方法はさまざまですが、とくに興《きょう》味《み》深いのがダンスをおどる行動です。先ほど紹介《しょうかい》したハエトリグモのなかまはオスが求愛《きゅうあい》のダンスをおどることによって、メスに自分をアピールします。

このダンスのしかたは種類《しゅるい》によってもちがいますが、基本的《きほんてき》な動きとして、オスはメスに気がつくとジグザグに歩いて近づき、あしを大きくふり上げて、おなかをぴくぴく動かします。種類によっては、メスはオスのダンスに応《おう》じてオスと同じような動きを行います。ダンスが受け入れられると交尾《こうび》が成立《せいりつ》しますが、メスが気に入らなかった時はなんとオスを食べてしまうこともあります。なんともおそろしい世界ですね。

ハエトリグモのなかまの多くは、オスがカラフルではでな模様《もよう》をしていて、メスは地味な色をしています。これは求愛行動とも深く関連《かんれん》しています。ハエトリグモは目がよいので、体の色や模様がアピールポイントになるのです。はでなオスほどモテやすく、何世代にもわたる積《つ》み重ねの結果《けっか》、オスとメスの見た目に大きなちがいがあらわれるようになったと考えられます。

ハエトリグモの中でもとくにはでな求愛ダンスをおどるのが、クジャクグモ（クジャクハエトリ）のなかまです。わずか四ミリメートルほどの体ですが、オスはおなかに折《お》りたたみ可能《かのう》なはでなかざりを持っていて、求愛する時にそのかざりを立てておどります。かざりの模様はとてもきれいで、まるでクジャクの羽根かざりのようなので、この名前がついています。おどり方もコミカルで、かざりといっしょに三番目のあしを広げたり、はくしゅのようなかわいらしいしぐさも見せたりします。クジャクグモは、オーストラリアだけにすむグループですが、一〇〇種以上《いじょう》もいて、おなかのかざりについている模様も種類によってちがいます。

　ここではハエトリグモのダンスを紹介《しょうかい》しましたが、地面で生活するコモリグモのなかまも、あしについているかざりをふり上げてダンスをおどることが知られています。また、網《あみ》

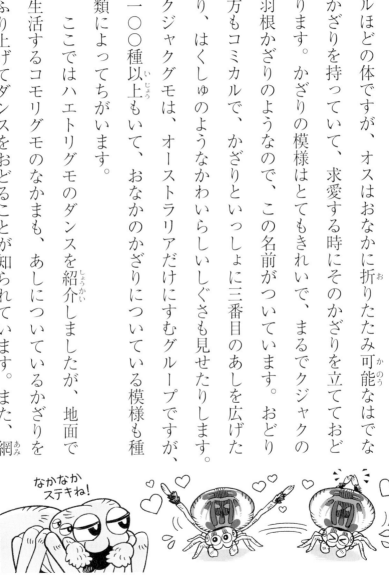

をはるクモのなかまは、オスがメスの網《あみ》をおとずれて、糸を引っぱって求愛《きゅうあい》の信号《しんごう》を送ります。このようにクモもグループや種類《しゅるい》によって、全然《ぜんぜん》求愛の行動がちがいます。なぜ、こんなにも求愛のしかたがちがうのか、まだわかっていないことだらけです。

愛情《あいじょう》たっぷりの子育て

私《わたし》たち人間は群《む》れをつくって生活し、ほかの人と助け合いながら生きています。家族も同じです。おとなが協力《きょうりょく》しながら、子どもを育てます。クモの世界はどうでしょうか？

クモは基本的《きほんてき》に群れずに生きる孤独《こどく》な生きものです。しかし、子どものころは体も小さいので、風に飛《と》ばされたり、天敵《てんてき》におそわれたりするなど、さまざまな困難《こんなん》が待ち受けています。そのため、クモの中には子どもが大きくなるまで子育てをする種類もいます。

クモの子育てのしかたを紹介《しょうかい》する前に、そもそもクモがどうやって卵《たまご》を産《う》むのかを説明《せつめい》します。クモは卵を一つ一つ地面や木に産みつけるわけではありません。まず、糸を使って卵をつつむための袋《ふくろ》をつくり、その中にたくさんの卵を産みつけます。この卵の入った袋は「卵《らん》のう」とよばれ、かんそうや外敵から卵を守ります。一度に産む卵の数はクモの種類によってばらばらです。体が大きなクモは数百~千個《こ》くらい産みますが、とても小さなクモでは数個しか産まないものもいます。

多くの母グモは卵のうをつくると、その場をはなれたり、寿命《じゅみょう》がつきたりして死んでしまいます。しかし、カニグモ科のクモはちがいます。植物の葉を折《お》って産卵《さんらん》のための部屋をつくり、その中で卵のうをつくって子どもが出てくるまで守ります。

同じくコモリグモ科のクモも、愛情《あいじょう》たっぷりの子育てを行います。その名のとおりメスが子守りをします。このなかまは、はじめに土の中や地面のくぼみに卵《たまご》を産《う》むための部屋をつくります。母親は卵が入った袋《ふくろ》をつくったあと、その袋をおなかの先にある糸いぼにつけて持ち運びます。やがて袋の中で卵がかえり、卵から出てきた子グモたちをお母さんがおなかに乗せて守ります。お母さんのおなかには子どもたちがつかまりやすいように、特殊《とくしゅ》な形の毛が生えています。この子グモがたくさん乗っているようすは、歩くベビーカーのようです。こうして母親が卵や子グモを守ることで、天敵《てんてき》（アリやハサミムシ、ほかのクモ）から食べられるのを防《ふせ》いでいます。

コモリグモやカニグモのなかまは子グモが生まれたあと、しばらく集団《しゅうだん》で生活したら、一匹《ぴき》で活動します。でも、子グモが生まれたあとも母親が世話をするクモもいて、ヒメグモ科のなかま（コガネヒメグモ・アシブトヒメグモ）は、網《あみ》の中に卵《らん》のうを置《お》き、卵がかえったあとも子グモと同居《どうきょ》します。

その際《さい》、母親がとらえたエサをはきもどして子グモにあたえることもあります。
また、最近《さいきん》では、中国に生息するハエトリグモのなかまが、自分の体から分泌《ぶんぴつ》されるミルクのような液体《えきたい》を子グモにあたえていることがわかりました。おもしろいことにこのクモは、生まれたばかりの赤ちゃんの時期だけではなく、子グモが自力でエサをとれるようになったあとも母親がミルクをあたえます。ほ乳類《にゅうるい》のように、ミル

クで子どもを育てる習性《しゅうせい》は、節足《せっそく》動物では知られていなかったため、この発見に多くの研究者がおどろきました。

お乳《ちち》をあたえるクモもおどろきですが、さらにびっくりする子育て方法《ほうほう》がありまず。なんと母親が自分の体をエサとして子どもにあたえる方法で、この習性《しゅうせい》を持つクモは日本にもいます。「カバキコマチグモ」という体長一〜一・五センチメートルほどのクモです。

カバキコマチグモはススキ原にいることが多いクモで、ススキの葉っぱをくるくるとちまき状《じょう》にまいて、産卵《さんらん》のための部屋をつくります。子グモは卵《たまご》から出たあとも、母親と産室の中でくらしますが、しばらくすると子グモは母グモの体を食べ始め、その体を食べつくしたあと、巣立《すだ》っていきます。母グモが子グモのエサになることで、子グモが大きく成長《せいちょう》し、野外でたくましく生きていくことができるのです。

日本にはたくさんのクモがいますが、母グモがエサとなって子育てする習性を持つのはこの種類《しゅるい》だけです。海外のイワガネグモのなかまにも同じ習性を持つものがいるそうですが、数万種いるクモの中でもやはりとてもめずらしいようです。

世界に何種類いるの？

さて、ここまで「クモ」とひとくくりにまとめてきましたが、一口にクモといっても、さまざまな種類がいて、種やグループによってすみかも大きくちがいます。では、世界中にはどのくらいの種類のクモがいるのでしょうか？

二〇二四年時点でのクモの種数ですが、なんと五万二二四〇種が知られています。私《わたし》たち人間をふくむ、ほ乳類《にゅうるい》の種類が約《やく》六五〇〇種、鳥類の種類が約一万一〇〇〇種ですから、それよりもだいぶ多いです。一方、クモにはまだ発見されておらず、名前がついていない未知《みち》の種《しゅ》もたくさんいます。ですから、今後研究が進めば種数はさらにふえていきます。

ちなみに日本に生息するクモの種数は一七〇〇種ほどです。これが多いのか、少ないのかイメージしにくいかもしれません。そこで、人気のキャラクターで考えてみると、アンパンマンのキャラクターは二三〇〇体以上《いじょう》※1、ポケモンの種類は一〇二五匹《ひき》※2です。つまり、アンパンマンのキャラクターよりも少ないけれど、ポケモンの種類よりはだいぶ多いのです。しかし、日本でも新しいクモの種が毎年見つかっているので、いつかアンパンマンのキャラクターの数に近づくかもしれません。

クモがすむ地域《ちいき》や範囲《はんい》はとても広いです。北極《ほっきょく》や南極などのとても寒い地域をのぞく、ほぼすべての陸地《りくち》で見られます。熱帯《ねったい》雨林から砂漠《さばく》地帯、海岸から山地、八〇〇〇メートルにもおよぶヒマラヤ山脈《さんみゃく》の高地にまですんでいます。そして、自然《しぜん》ゆたかな場所だけではなく人間がくらす町、さらには私《わたし》たちの生活する家のまわり、家の中にまで見られます。また陸地だけではなく、湖や池、田んぼなど、アメンボのように多くの時間を水の上で生活するクモもいます。

実は魚のように水の中で一生をすごすクモもいて、「ミズグモ」という種のみが完全に水の中で生活しています。海の中で生活するクモだけは今のところ見つかっていませんが、波しぶきがかかる、あるいは潮《しお》が満《み》ちた時に水《すい》没《ぼっ》する場所にすむクモはいます。

つまり、地球上の海中以外のすべての場所にクモがくらしているのです。

※1　やなせたかし 原作、トムス・エンタテインメント 作画『アンパンマン大図鑑《だいずかん》 げんき100ばい 公式キャラクターブック』フレーベル館より

※2　元宮秀介《もとみやしゅうすけ》責任《せきにん》 編集《へんしゅう》『ポケットモンスター スカーレット・バイオレット+ゼロの秘宝《ひほう》　ポケモン公式ビジュアル図鑑』オーバーラップより

チャレンジ！「クモ クイズ」

Q.1 世界でいちばん大きなクモは、あしをのばすとどれくらいの大きさ？

①10cm ②20cm ③30cm以上《いじょう》

Q.2 世界でいちばん小さなクモは、どれくらいの大きさ？

①2mm ②1mm ③0.5mm以下

Q.3 クモはなぜ自分の網《あみ》にくっつかないの？

①とても軽いから
②糸の上をうまく歩いているから
③体から、くっつかない液《えき》体《たい》を出しているから

第2章

クモの網《あみ》と忍者《にんじゃ》のような能力《のうりょく》

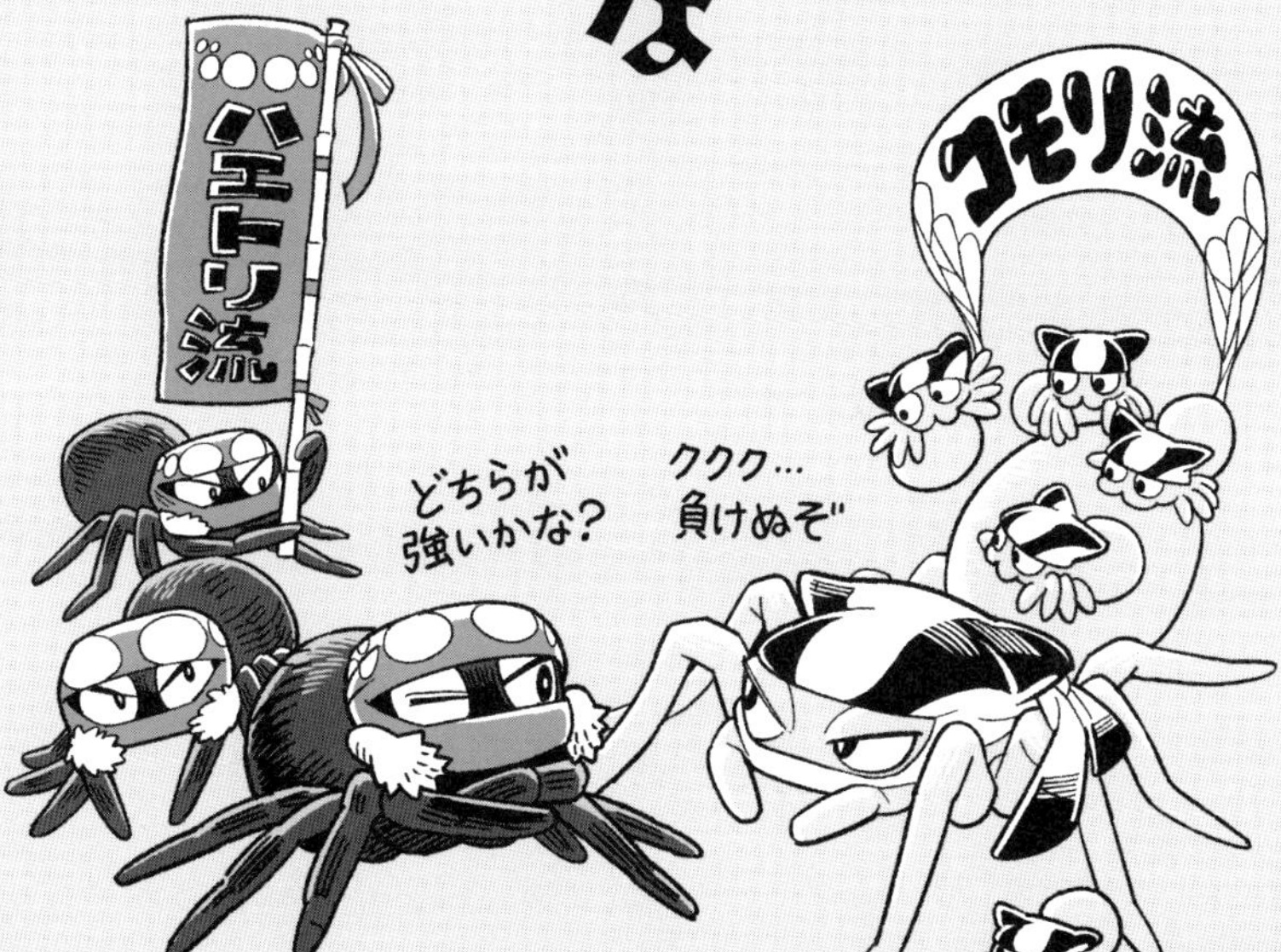

円網《えんもう》のひみつ

一章ではクモの基本《きほん》について紹介《しょうかい》しました。その中でクモの糸のことを取り上げましたが、ここからは糸からつくる「網《あみ》」のすごさに注目したいと思います。昆虫《こんちゅう》の中にもカイコの幼虫《ようちゅう》のように糸を使ってまゆをつくる生きものはいても、クモのようにいくつもの種類《しゅるい》の糸を使って複雑《ふくざつ》な形の網をつくる生きものはほかに見当たりません。

これまで私《わたし》は「クモの網」という言葉を使っていますが、この本を読んでいるみなさんは、もしかしたら「クモの巣《す》」のほうがなじみ深いかもしれません。実はこのクモの「網」と「巣」というのは少しちがうものです。網は、クモの「すみか」と獲物《えもの》をとらえるための「わな」をかねています。ところが、巣はすみかとしての役割《やくわり》だけで、獲物をとらえるしかけは持っていません。巣には糸でより合わせた袋《ふくろ》の形をしたもの、植物を折《お》り曲げて糸で結《むす》び合わせたものなどがあります。網をはらないクモでも、生活するための巣はつくります。

網の形はクモのグループによってちがいます。網をつくるクモは二万種以《い》上《じょう》いて、それぞれ種類がちがう形の網をつくります。代表的《だいひょうてき》な二つのタイプの網を紹介しましょう。

一つ目は「円網」です。これはハロウィーンのイラストでもよく描《えが》かれるように、みなさんにもっともなじみのある網だと思います。この網は、網全体のわくとなる「わく糸」と、網目になる放射状《ほうしゃじょう》の「縦糸《たていと》」、うずまき状の「横糸」からできています。

まず、網のほね組みとなるわく糸と縦糸ですが、これらの糸はあまりのびちぢみせず、とてもじょうぶな性質《せいしつ》を持っています。ですから網をささえるのにぴったりです。わく糸は木やかべなどにくっついていますが、わく糸と足場をくっつけるためにも糸が使われています。

一方、横糸は、獲物《えもの》をとらえるための糸です。縦糸《たていと》とちがって、よくのびちぢみする性質《せいしつ》を持っています。そのため、獲物が網《あみ》にぶつかった時、運動マットのようにぶつかったエネルギーを吸収《きゅうしゅう》できます。そして、横糸の表面には、べたべたねばる小さな球（粘球《ねんきゅう》）がついています。粘球は、網にぶつかった獲物がにげられないように網にくっつける役割《やくわり》を持っています。この横糸と粘球はそれぞれ別《べつ》の腺《せん》でつくられます。

ちなみに粘球は時間がたつとねばらなくなり、エサをつかまえられなくなります。ですから、円網《えんもう》をはるクモは一日の終わりに網を食べて回収《かいしゅう》し、次の日に新しいものにはりかえています。食べた網は自分のエネルギーになるので、網をリサイクルしているといえます。

というわけで、一見シンプルな円網ですが、これをつくるためには少なくとも四種類《しゅるい》ものちがう糸が使われているのです。

それではクモはどうやって、空中に自分の体よりも大きな網をはっているのでしょう？　言葉だけではむずかしいので、イラストを使って説明《せつめい》します。

【円網のしくみ】

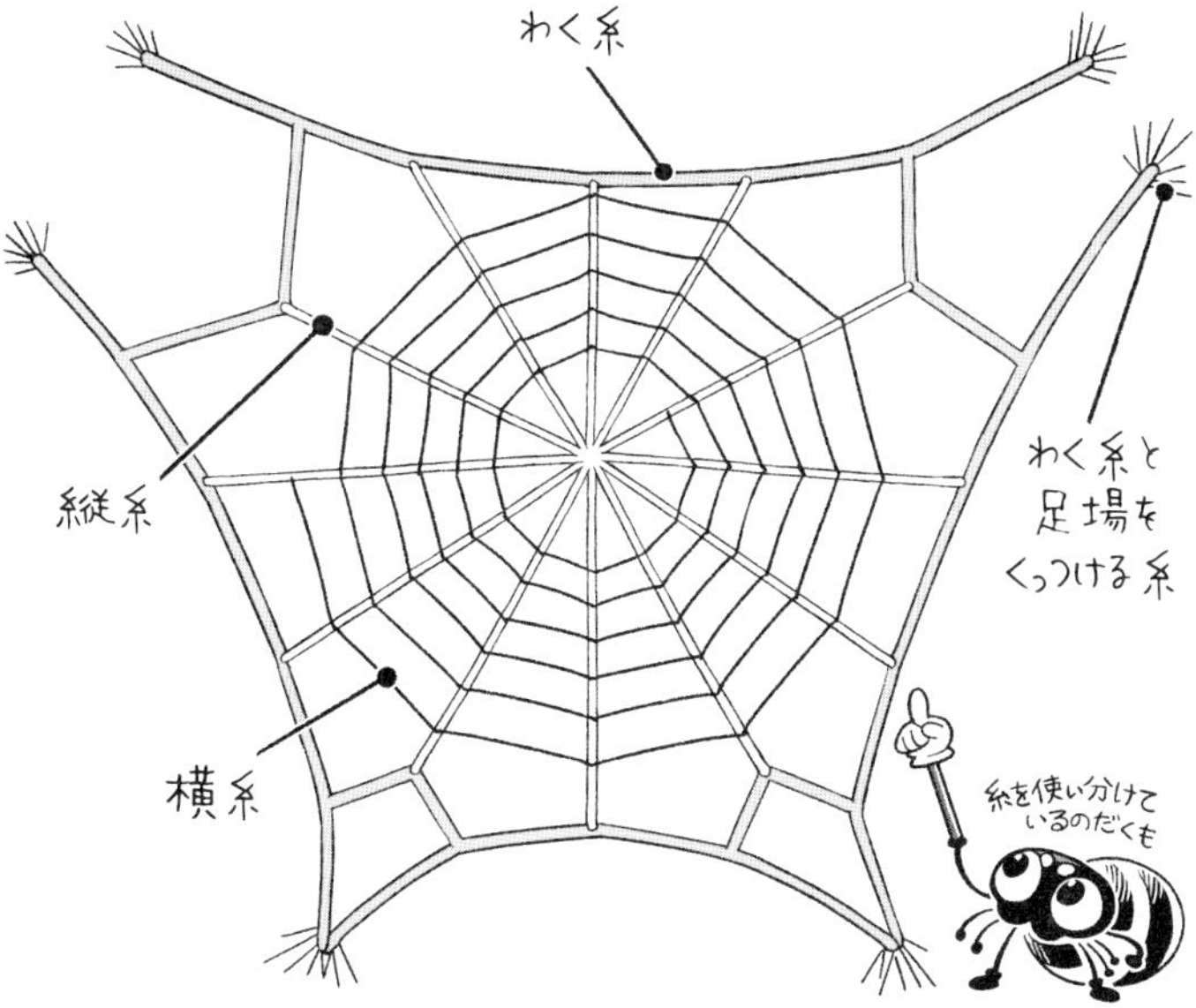

横糸のアップ

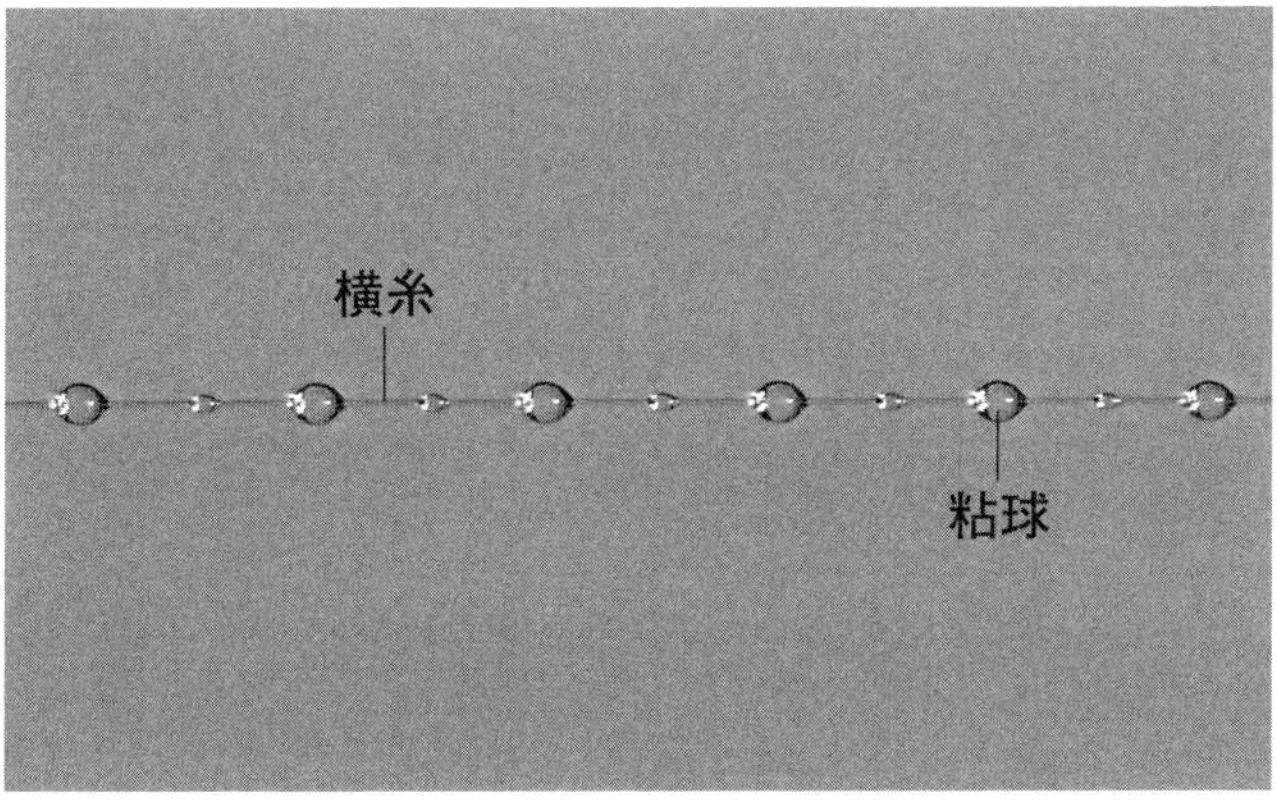

横糸には同じ間隔《かんかく》で、粘球がならんでいます。

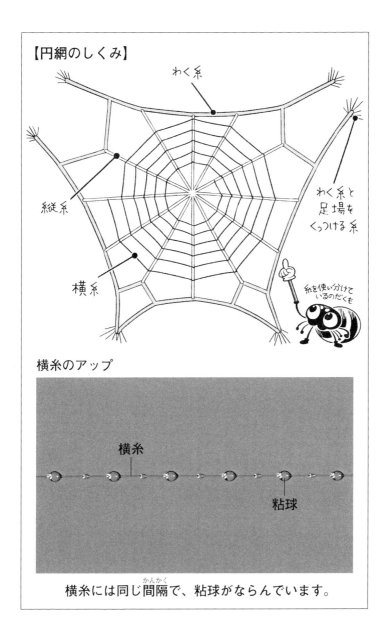

まず網《あみ》をはるためには、木の枝《えだ》と枝の間に糸をわたさなければなりません。どうやって糸をわたしているかというと、はじめの一本は、クモが糸を風に流して目標《もくひょう》の枝に引っかけます（①）。目当ての枝に引っかかると、この糸を補強《ほきょう》します（②）。これが縦糸《たていと》の一部になります。この糸の中心から糸を引きながら下に下りていくと（③）、網の中心の位置《いち》が決まります（④）。

次にクモはわく糸をはりながら、放射状《ほうしゃじょう》に縦糸をはっていきます（⑤）。縦糸ができあがると今度は中心部から、らせん状《じょう》に足場となる糸をはります（⑥）。この足場糸をつくり終わると、今度は足場糸と縦糸の上を歩きながら、足場糸を外して、横糸をはっていきます。クモが中心部までもどるとついに円網《えんもう》の完成《かんせい》です（⑦）。

網を完成させるまでの時間は網の大きさや複雑《ふくざつ》さにもよりますが、だいたい三〇分～一時間くらいで終わります。ちがう種類《しゅるい》の糸を使い分けながら、空中で自分の体の何倍もある網をつくるのはとてもたいへんな作業です。こ

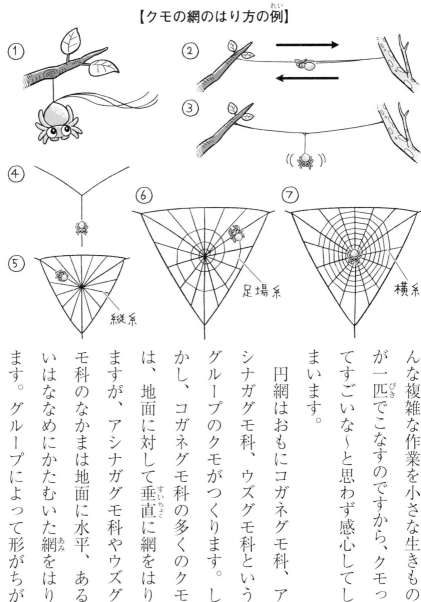

【クモの網のはり方の例《れい》】

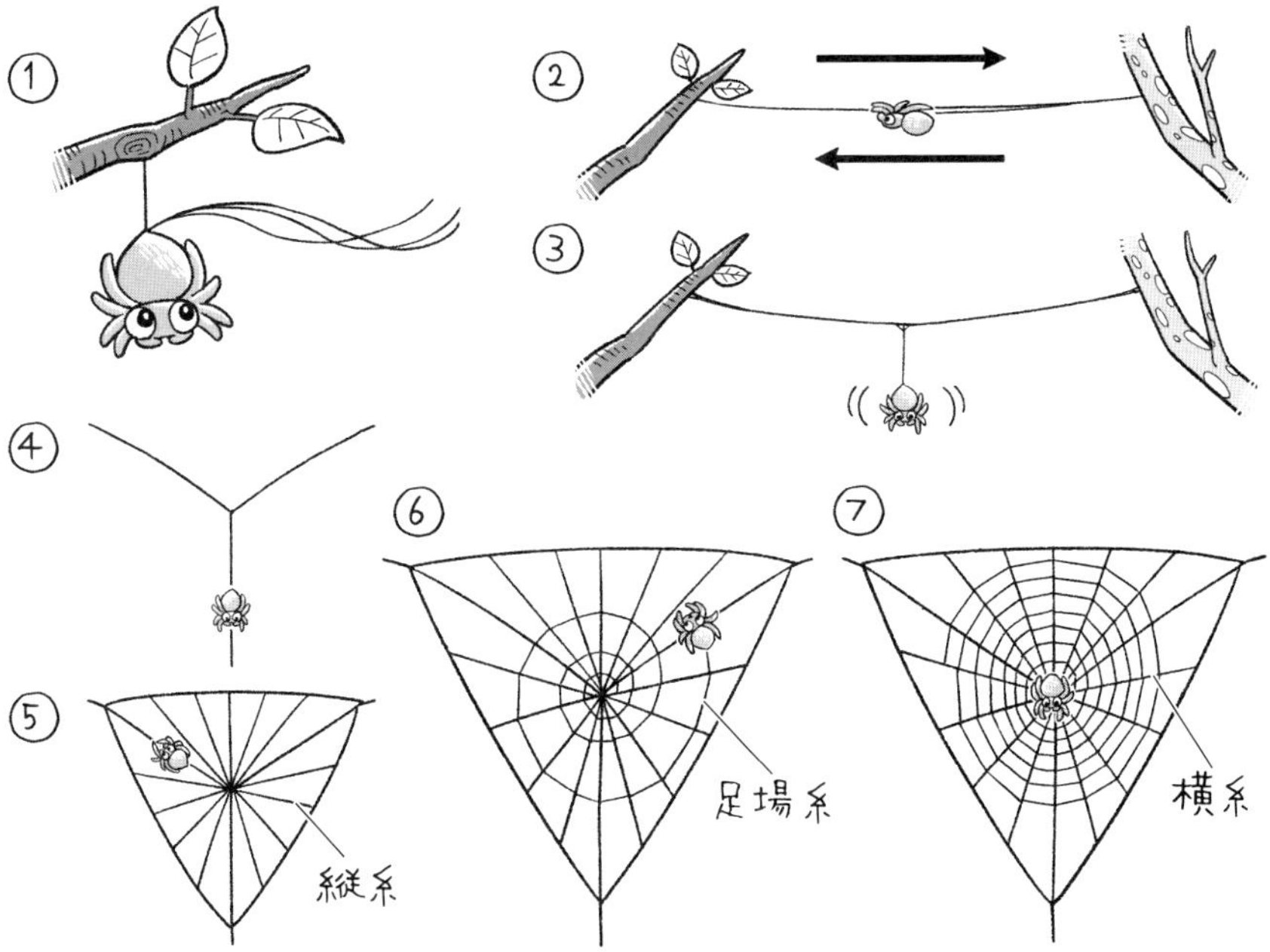

んな複雑な作業を小さな生きものが一匹《ぴき》でこなすのですから、クモってすごいな〜と思わず感心してしまいます。

円網はおもにコガネグモ科、アシナガグモ科、ウズグモ科というグループのクモがつくります。しかし、コガネグモ科の多くのクモは、地面に対して垂直《すいちょく》に網をはりますが、アシナガグモ科やウズグモ科のなかまは地面に水平、あるいはななめにかたむいた網《あみ》をはります。グループによって形がちがうのは、おそらくターゲットとする獲物《えもの》の種《しゅ》がちがうからだと考えられます。

また、円網《えんもう》の中でも縦糸《たていと》と横糸の本数は、クモの種類《しゅるい》によって大きなちがいがあります。たとえば、ジョロウグモは、縦糸と横糸の本数がとても多く、細かい網目《あみめ》をしているので、さまざまな大きさのエサをつかまえられます。逆《ぎゃく》にトリノフンダマシのなかまがつくる円網は、横糸の数が一〇本くらいで網目がスカスカです。この網はガを専門《せんもん》につかまえるためのわなで、糸が少ない代わりに、横糸のねばりがとても強く、一度ガがふれるとにげることができません。このように、クモの種ごとの円網の形のちがいは、それぞれのクモのエサの種類と強く関係《かんけい》しています。

おどろきの工夫《くふう》！　立体的《りったいてき》な網

　さて、二つ目に紹介《しょうかい》するのは「立体網《りったいもう》」とよばれる網です。先ほど紹介した円網のように平面ではなく、立体的な網を指します。立体網が獲物をつかまえるしくみは、大きく分けて二つあります。

　一つは「たたき落とし方式」です。シートのような網の上にばらばらに糸がはりめぐらされた形の網がはられています。このタイプの網の糸には、円網のようにねばねばする物質《ぶっしつ》はついていません。では、どうやって獲物をつかまえるのかというと、まず、空を飛《と》んでいる昆虫《こんちゅう》が空中にはりめぐらされた糸にぶつかり、ぶつかった獲物はその下のシートのような網に落下します。クモはこのシート網《あみ》で待ちかまえているので、獲物がシート網に落ちた振動《しんどう》に気づいてとらえるしくみになっています。

　もう一つは「ねばねば方式」です。この網には葉っぱやかべ、地面に接触《せっしょく》している糸の一部に強力なねばねばする物質（粘球《ねんきゅう》）がくっついています。粘球がついた糸は、地面と接《せっ》している部分から外れやすいしくみになっています。ためしにピンセットなどで軽くこの糸をさわってみると、ピンセットがふれた瞬間《しゅんかん》に糸が地面から外れます。

では、この糸に地面を歩いている虫がふれるとどうなるのでしょうか？ねばねばする物質《ぶっしつ》に虫がふれると同時に、地面にくっついていた糸が外れて、虫はたちまち宙《ちゅう》づりになってしまいます。クモは空中でもがく虫の振動《しんどう》を感知し、ゆっくりとすみかから出て、宙づりになった虫をつかまえます。

このように、たたき落とし方式では空飛《そらと》ぶ虫を、ねばねば方式では地面を歩く虫をとらえるというちがいがあります。私《わたし》もねばねば方式の網《あみ》をつくるクモを観察《かんさつ》したことがありますが、ダンゴムシやアリなどの地面を歩く生きものがたくさんつかまっているようすを確認《かくにん》しました。

立体網《りったいもう》が獲物《えもの》をつかまえるしくみは二つですが、その形はさまざまです。たとえば、体長数ミリメートルほどの小さなサラグモ科のクモは、シートのような網の上に不規則《ふきそく》な糸がはりめぐらされた形の網をはります。一方、体が丸っこいヒメグモ科のクモは、シート網《あみ》がないもの、不規則な糸の部分にかれ葉や土を使って住居《じゅうきょ》をつくるもの、糸に粘着《ねんちゃく》物質をつけるものなど、さまざまな網をつくります。

【立体網のしくみ】

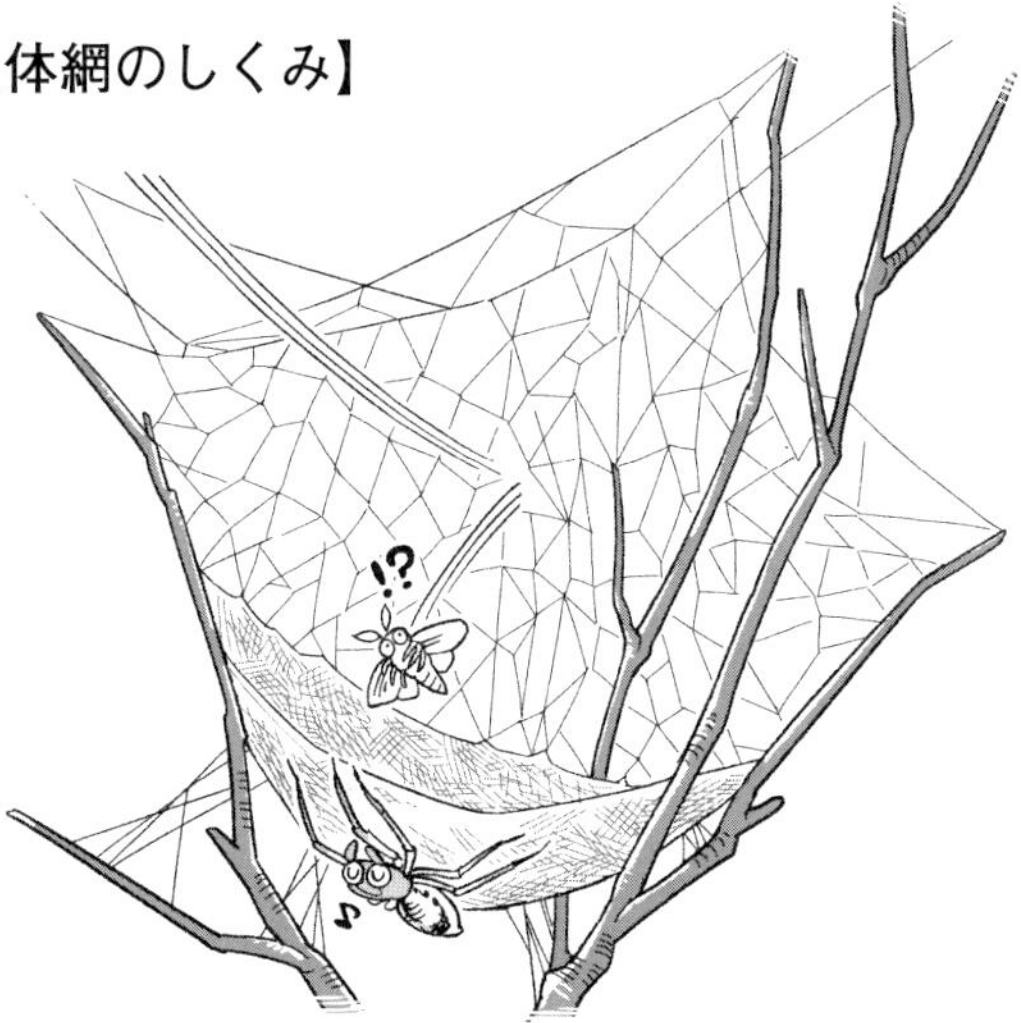

たたき落とし方式
（空を飛ぶ昆虫《こんちゅう》をつかまえる）

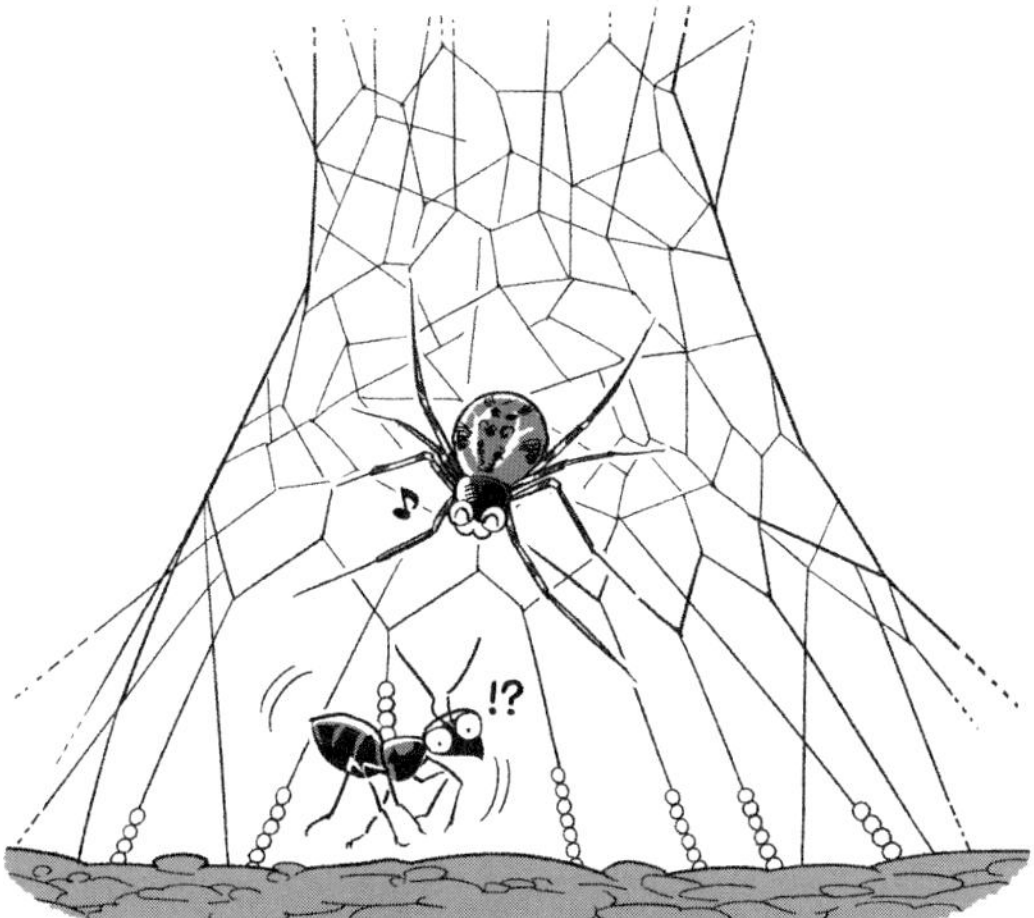

ねばねば方式
（地面を歩く昆虫をつかまえる）

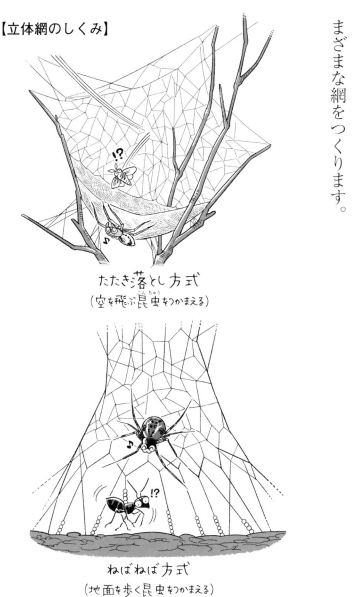

こんなにいっぱい・奇《き》想《そう》天《てん》外《がい》な網《あみ》

ここまで円網《えんもう》と立体網《りったいもう》、代表的《だいひょうてき》な二つのタイプの網を紹介《しょうかい》しましたが、網の種類《しゅるい》はこれだけではありません。これらの網が変形《へんけい》したおもしろい形の網があります。

カラカラグモというクモがつくる、「かさ型《がた》の網」もユニークです。どんな網かというと、円網の中心部から糸が一本のびていて、全体的にかさが引っくり返ったような形になっています。クモはこの一本の糸で網全体をピンと引っぱって、獲物《えもの》が近づくとこの糸をゆるめて獲物に網を投げつけてとらえます。つまり、魚をつかまえる投網のように使っているのです。

また立体網の中には糸の本数をギリギリまでへらし、わずか数本の糸を地面にたらして獲物をつかまえるクモがいます。ムラクモヒシガタグモは、糸がX状《じょう》に交差《こうさ》した網をつくり、その真ん中にすわっています。地面にたらした糸に粘球《ねんきゅう》がついていて、地面を歩き回る昆虫《こんちゅう》をつかまえています。

カラカラグモの網

ムラクモヒシガタグモの網

さまざまな網《あみ》の中でもっともシンプルなのは、ズバリ「すじ網」です。わずか一本の糸が木と木の間などに引かれただけの、かんたんな形で、松葉《まつば》のような細長いすがたをしたオナガグモがつくります。わずか一本の糸ですが、粘球《ねんきゅう》はついていません。では、どうやって獲物《えもの》をつかまえるのかというと、なんとその糸をつたってきたほかのクモをとらえて食べるのです。これは移《い》動中《どうちゅう》のクモが、つい糸の上を歩いてしまう習性《しゅうせい》を利用《りよう》しているようです。

いくつかのかわった網を紹介《しょうかい》しましたが、クモの網の中でもっとも奇想天《きそうてん》外《がい》な網は「投げ縄《なわ》」でしょう。ナゲナワグモとよばれるクモのなかまは、なんと一本の網を投げ縄のように使ってガをつかまえます。たった一本の糸でどうやってガをつかまえるのでしょうか？　実はこのクモは、体からガのメスのフェロモン（異性《いせい》を引きよせるにおい）を出して、オスのガをおびきよせてつかまえるのです。円網《えんもう》をはるコガネグモのなかまであるため、進化の過程《かてい》で複雑《ふくざつ》な円網からシンプルな投げ縄が誕生《たんじょう》したと考えられます。

このクモのなかまは日本にも生息しています。マメイタイセキグモとムツトゲイセキグモ（表紙の写真）という種類《しゅるい》です。私《わたし》が初《はじ》めてこのめずらしいクモを見たのは、千葉県の柿畑《かきばたけ》でした。二〇〇五年ごろ、知り合いのクモ愛《あい》好家《こうか》がムツトゲイセキグモの生息地を見つけたので、クモが活動する夜に、当時の研究指導《しどう》の先生といっしょに案内《あんない》してもらいました。その結果《けっか》、このめずらしいクモを何匹《なんびき》も見つけることができました。そして、見事な投げ縄を持っているクモも観察《かんさつ》できました。おもしろいことに、「おーい」と声をかけると、このクモは手に持った投げ縄をくるくると回すのです。これは、獲物であるガのはねの音を感知して、獲物をとらえようとする行動です。オスのガをおびきよせるシーンは見られませんでしたが、そのユニークな行動にとても感動しました。

他人の家に居候《いそうろう》？

一方で、クモの最大《さいだい》の特徴《とくちょう》である網《あみ》をはることをやめたクモがいます。その名もイソウロウグモです。居候とは「他人の家でくらし、食事などの世話を受けていること」を意味しますが、このなかまは自分で網をはらず、なんとほかのクモの網に入りこんで獲物《えもの》をぬすみます。イソウロウグモは形の特《とく》徴《ちょう》から網をはるヒメグモ科のメンバーです。ですから、もともとは網をはるクモだったと考えられます。

イソウロウグモのなかまは世界に二〇〇種類《しゅるい》ほどいますが、それぞれちがう種類のクモの網にすみつきます。特定《とくてい》の網に居候するものもいれば、いろいろな種類の網に侵入《しんにゅう》するものもいます。侵入先のクモの種類や数もそれぞれちがいます。居候先のクモは網の形や習性《しゅうせい》もちがうので、それに合わせてイソウロウグモもいろいろなぬすみの行動を見せます。

イソウロウグモは体が二〜三ミリメートルくらいの小さいクモですので、基本的《きほんてき》には網の持ち主よりも弱い存在《そんざい》です。そのため、強引《ごういん》にエサをぬすもうとすると攻撃《こうげき》されてしまいます。そこで、網の持ち主がゆだんしているすきに食べかすなどをとったり、大きなエサがかかった時は気づかれないように、後ろに回りこんで、ずうずうしくいっしょに食事をしたりします。

おもしろいことにぬすむのはエサだけではなく、食べものが不足《ふそく》している時は、網の一部を食べることもあります。クモの糸はタンパク質でできているので、非常食《ひじょうしょく》にもなるのです。まるで、おかしの家のようです。

イソウロウグモの中には時に網の持ち主をおそって食べてしまうものもいます。それは、すごくおなかがすいている時や網の主が脱皮《だっぴ》をしていて無力《むりょく》な時に行われます。中には、網の持ち主が生んだ子グモを専門《せんもん》にねらう種類もいます。こうなると、もはや居候とはいえませんね。

以上《いじょう》のように、イソウロウグモは網《あみ》の持ち主がとらえたエサをぬすんだり、網の一部を食べたり、持ち主を食べたりしてしまうことまであります。ですから、網の持ち主のクモにとってはなに一つよいことがありません。しかも、一つの網に侵入《しんにゅう》するイソウロウグモの数は必《かなら》ずしも一匹《ぴき》ではありません。何十匹とすみつくこともあります。網の主人にとっては、よほどストレスなのでしょう。イソウロウグモの数がふえると網の主人であるクモの体重がへったり、網を引っこす回数が多くなったりすることが知られています。

なんともかわった習性《しゅうせい》を持つイソウロウグモですが、このクモも身近な場所で見ることができます。よく見られるのはシロカネイソウロウグモという種類《しゅるい》で、円網《えんもう》をはるコガネグモやジョロウグモの網に居候《いそうろう》します。もし、このクモに興味《きょうみ》を持った人がいたら、家の近所で網をさがしてみてください。網の持ち主とは別《べつ》のクモがいたら、イソウロウグモにちがいありません。

【イソウロウグモの居候っぷり】

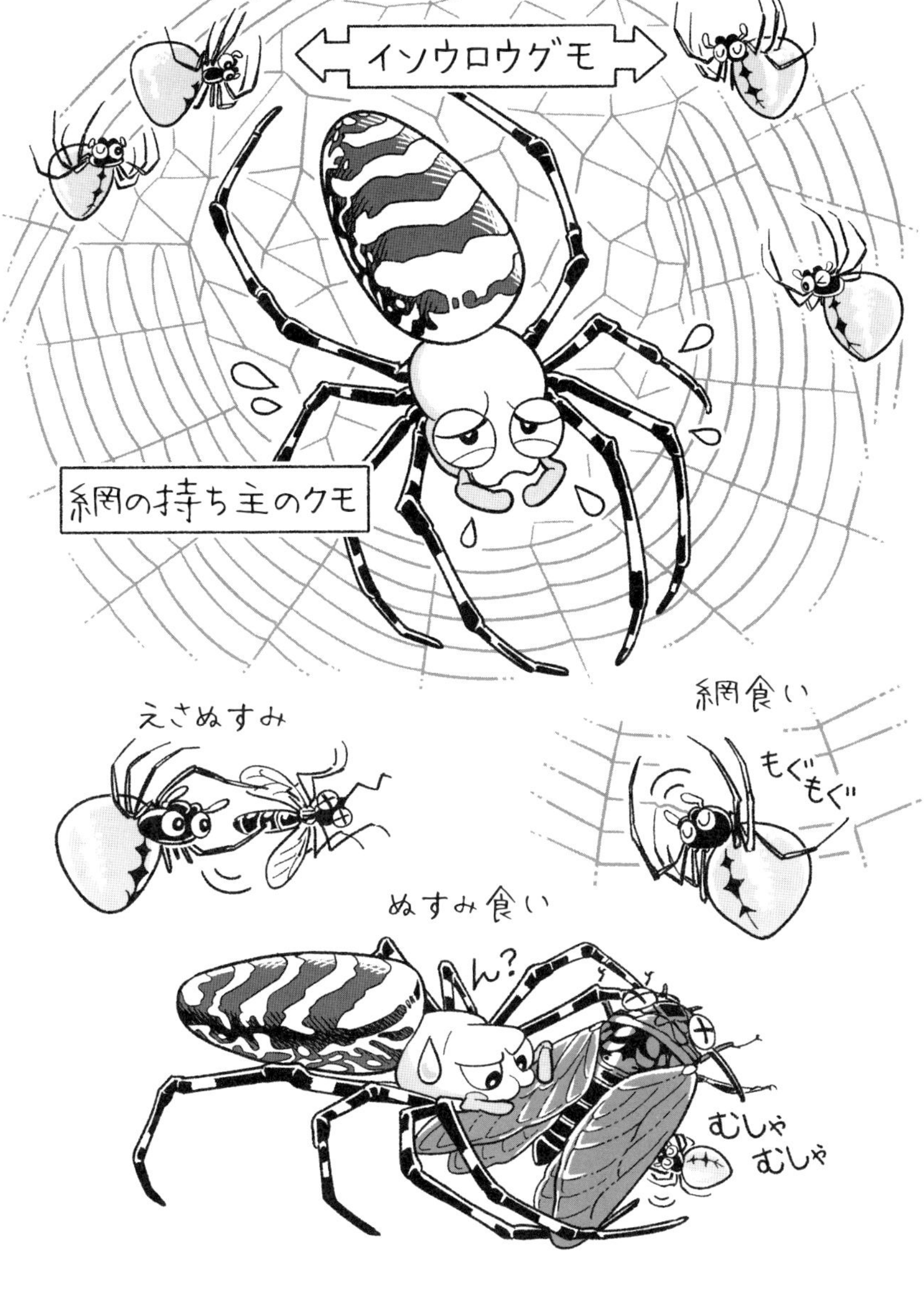

忍法《にんぽう》、かくれ身の術《じゅつ》！

ここからは、クモのバラエティーに富《と》んだくらしぶりや生息環境《かんきょう》について紹介《しょうかい》します。その行動や生き方は、なんと忍者と通じるところがあります。

クモは網《あみ》をはって生活していますが、いったいいつからこのような生活をするようになったのでしょうか？　実はもともとクモは、網をはってくらしていたわけではありません。はるかむかしにさかのぼると、網をはらず、地面にあなをほって生活していました。

クモのご先祖様《せんぞさま》は、ほった巣《す》あなをがんじょうにし、卵《たまご》をかんそうから守るために糸を使っていました。あなの入り口には土やコケなどを糸でより合わせたふたをつくり、その裏《うら》で獲物《えもの》を待ちぶせていました。ふたはあなのサイズにぴったりとフィットするので、外から見てもどこにあるのかが、一目ではわかりません。まさに忍者のかくれ身の術といえますね。

このご先祖様にあたるクモは現代《げんだい》でも見られます。キムラグモというクモです。日本では九州から沖縄《おきなわ》にかけて分布《ぶんぷ》しています。近いなかまのハラフシグモ類《るい》も海外では東南アジアに広く生息しています。

キムラグモのなかま

見た目は私《わたし》たちがふだん見かけるクモとはちがって、あしが太く、おなかに節《ふし》があるなど、原始的《げんしてき》なすがたです。魚でたとえると、「生きた化石」とよばれるシーラカンスのような存在《そんざい》です。このなかまは約《やく》三億《おく》年も前の化石が見つかっていますが、すがたや形がほとんどかわっていません。そんなに長い間、絶滅《ぜつめつ》せずに生きぬいているなんてすごいことです。

さて、キムラグモほど古いグループではありませんが、トタテグモのなかまも同じように地面の中にすんでいます。このクモのなかまは、私《わたし》たちの住んでいる家のまわりや庭などでも見られます。ただし先ほど紹介《しょうかい》したキムラグモよりもさらに巣《す》あなをかくすのがうまいので、身近なクモといえども見つけるのはむずかしいかもしれません。

もっと見つけやすいクモにジグモがいます。このクモも地面にあなをほって、糸で袋型《ふくろがた》の巣をつくります。巣の上半分は地上に出ているのでかんたんに見つけられます。ジグモの巣は公園の木の根元や学校の花だん、ブロック塀《べい》などで見られます。なかなかクモ本体のすがたを見る機会《きかい》はありませんが、この巣をやぶれないようにうまく引っぱると、巣全体を丸ごと引っこぬくことができて、クモを見ることができます。

クモがひそむのは地面だけではありません。クモはさまざまな模様《もよう》を持っていて、背景《はいけい》にとけこむのが大のとくいわざです。たとえば、コケオニグモというクモには、その名のとおり背中《せなか》にコケのような模様があります。夜に円網《えんもう》をはりますが、昼間はコケや地衣類《※ちいるい》の中に身をひそめていることもあるので、一見どこにいるのかがわかりません。ほかにも、木の皮やコケににた模様を持つものがたくさんいます。たとえば、キハダエビグモやキハダカニグモというクモは、名前のとおり木のはだ（皮）ににた模様を持っていて、木にはりついていると、どこにいるのかわからなくなるほどです。

なぜこんなにもクモたちは、かくれんぼがじょうずなのでしょうか？　実はクモにもさまざまな天敵《てんてき》がいるからです。とくにハチのなかまや鳥は目がとてもよいので、見つかるとクモはかんたんに食べられてしまいます。自然《しぜん》界《かい》で生きぬくには「かくれんぼ」のうまさはとても大切なのです。

※ 菌類《きんるい》のなかまで、藻類《そうるい》などが共生《きょうせい》しているもの。

紫外線《しがいせん》を利用《りよう》した狩《か》り

クモの中には網《あみ》を使わずに獲物《えもの》をつかまえるものも多いです。このようなクモは「徘徊性《はいかいせい》クモ」とよばれています。ではどうやって獲物をつかまえるのでしょうか？　ここにもさまざまな工夫《くふう》が見られます。

一つは獲物となる昆虫《こんちゅう》がたくさん来る場所で待ちぶせすることです。昆虫がたくさん集まる場所のひとつが花の上です。花はハチやチョウなどに花粉《かふん》を運んでもらうために、みつをつくります。ですから、ここで待っていれば、勝手にたくさんの虫が集まってきてくれるわけです。

花の上で待ちぶせをする代表的《だいひょうてき》なクモとして、カニグモのなかまがいます。クモなのにカニ？　と不思議《ふしぎ》に思うかもしれませんが、左右にあしを広げたすがたがカニににていることからそう名づけられました。すがたをかくすために地味な色をした種類《しゅるい》が多いのですが、中には花のようにあざやかな模様《もよう》や色を持つものもいて、うまく花の色にとけこむことができます。

カニグモのなかまは歩くのはあまりうまくありませんが、とても力持ちで、自分の体長よりも五〜六倍も大きな獲物をつかまえられます。おもしろいことに、カニグモ科のアズチグモのなかまは体が紫外線をよく反射《はんしゃ》します。紫外線とは太陽から出ている光の一種で、人間の目には見えませんが、昆虫はこの光を見ることができて、この紫外線に引きよせられる習性《しゅうせい》を持っています。アズチグモはなんとこの昆虫の性質《せいしつ》を利用して、花の上で獲物を誘《さそ》いよせます。

アマミアズチグモ

ほかのクモの中にも、紫外線を利用し

て獲物《えもの》を網《あみ》に誘《さそ》いよせるものがいます。コガネグモやウズグモのなかまは、ときおり網の中に白い帯《おび》を取りつけます。帯の形はぐるぐるまきや十字、丸い形など、さまざまです。まるでクモが網というキャンバスに落書きをしているようにも見えます。

このかざりは「白帯《はくたい》」や「かくれ帯」とよばれ、紫外線《しがいせん》を反射《はんしゃ》する性質《せいしつ》を持っています。昆虫《こんちゅう》はクモの網に引きよせられるので、網につかまるエサをふやす役割《やくわり》を持ちます。白帯が獲物を引きつけるかどうかを確《たし》かめた実験《じっけん》によると、白い帯がついた網のほうが、ついていない網よりも、昆虫がつかまる確率《かくりつ》が高いようです。

ここまで読んだ人の中には「だったら、すべてのクモが網に白帯をつけたほうがいいんじゃない？」と思う人もいるかもしれません。でも、話はそうかんたんではありません。なぜなら、白帯をつけていると網が目立つため、クモの天敵《てんてき》までおびきよせてしまうからです。そのため、おなかがすいていない時は、この白い帯はつけないほうが安全なのです。

じっさい、コガネグモのなかまを室内で飼《か》って、たくさんエサをあげたクモと、あまりエサをあげなかったクモの網をくらべる実験がありました。その結果《けっか》、エサをあまりあげなかったクモはよく白帯をつくりましたが、たくさんエサをあげたクモはあまり白帯をつくりませんでした。このことから、エサがたくさんあるかどうかで、クモは白帯をつくるかどうかを決めているのがわかります。

ちなみにこの白帯をつけるのは、昼間に円網《えんもう》をはるクモだけです。夜に円網をはるクモはつくりません。夜は太陽がありませんから、紫外線を利用《りよう》して獲物をおびきよせることができないのでしょう。

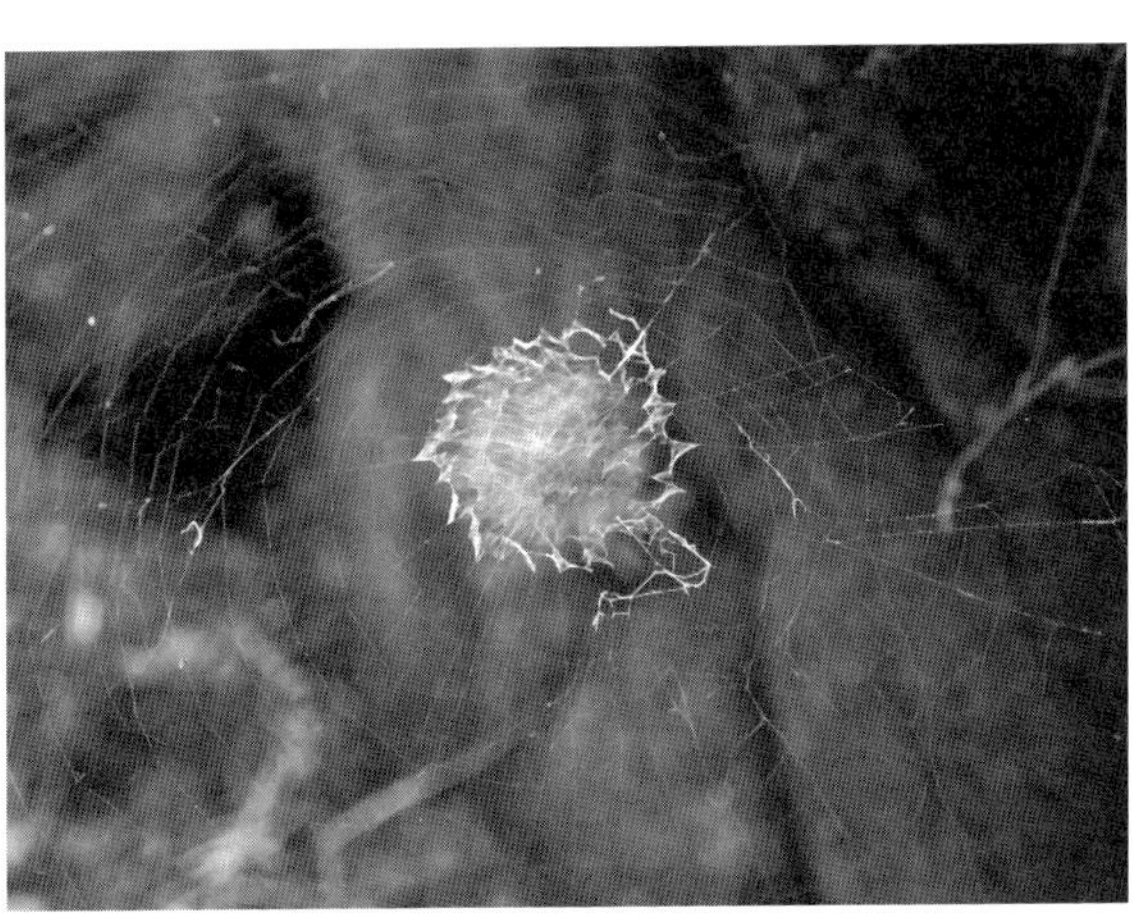
白い帯がついたウズグモの円網

アリに変装《へんそう》！　化けるクモ

さて、このようにクモはあの手この手で獲物《えもの》をだましているわけですが、エサだけではなく天敵《てんてき》をだますこともあります。忍者《にんじゃ》は敵地で自分の正体をかくすために、行商人などに変装したといわれています。ここではアリになりすます、おもしろいアリグモのなかまの生態《せいたい》を紹介《しょうかい》します。

アリグモは網《あみ》をはらないハエトリグモのなかまです。その名のとおり、アリにすがたをにせることで、自分がクモであることをかくしています。では、なぜアリににせるのでしょうか？　実は、アリは人間から見るととても小さく、とるに足らない生きものに見えるかもしれませんが、野生の動物にとっては、おそれられている存在《そんざい》なのです。なぜなら、アリは何千もの群《む》れで生活しており、集団《しゅうだん》で獲物をおそうからです。さらに一部のアリは身を守るた

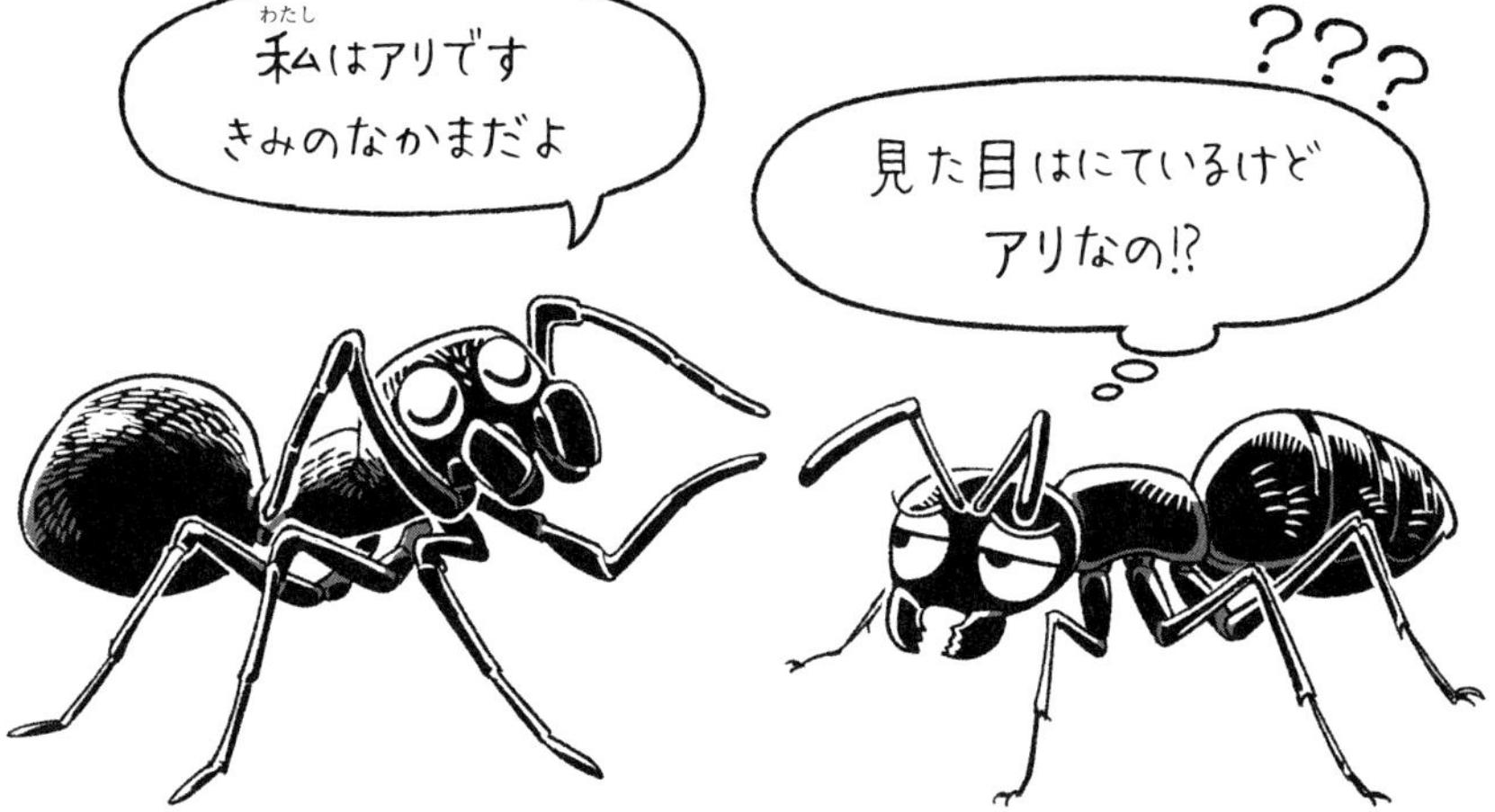

めの毒《どく》を持っているので、エサとしてもおいしくないのだと思われます。

多くの生きものはアリをきらうため、アリグモはアリににせることで、天敵《てんてき》におそわれにくくなる利点《りてん》があります。このように、ほかの生きものにすがたをにせることを「擬態《ぎたい》」といいます。他人の力でえらそうにふるまうことをあらわすたとえとして、「トラの威《い》を借《か》るキツネ」という言葉がありますが、アリグモの場合は「アリの威を借るクモ」といえますね。

このアリグモのなかまはとても身近なクモで、家の近くで見ることができます。

アリグモは見た目が本物のアリにそっくりなので、多くの人はクモだと気づかずに見すごしてしまうかもしれません。前の章で説明《せつめい》したように、クモはあしが八本で、体のパーツの数も昆虫《こんちゅう》とちがうので、見た目でわかるでしょ、と思うかもしれません。しかし、アリグモはいちばん前のあしをアリの触角《しょっかく》のように使ってふるまうので、あしが六本に見えます。さらに、アリのように頭と胸《むね》の部分がくびれているので、ここでも見分けがむずかしいです。

いちばんかんたんな見分け方はなんでしょう？　それは糸を出すかどうかです。クモはいつも命綱《いのちづな》を引いて歩いています。そのため、もしおどろかせたり、つかまえたりした時に、糸を出して空中にうかべば、それはまちがいなくアリグモです。また、アリグモのオスはオスどうしがけんかをするため、武器《ぶき》として、あごが大きくなっています。ですから、オスはかんたんにアリと区別《くべつ》できます。

日本でアリににたクモは、アリグモのなかまが代表的《だいひょうてき》ですが、海外ではハエトリグモ以外《いがい》のさまざまなグループのクモがアリに擬態《ぎたい》しています。熱帯《ねったい》地方では、日本よりもアリが多く、さらに多くの種類《しゅるい》がいるので、アリににせる利点《りてん》がもっと大きいのかもしれませんね。

ニンニン、水とんの術《じゅつ》・ムササビの術

クモは木の上から水の上まで、さまざまな場所でくらしています。そして、そこでおどろくべき身体能力《しんたいのうりょく》を発揮《はっき》します。そのすばらしいわざの数々《かずかず》を紹介《しょうかい》したいと思います。

地面の上で生活するコモリグモのなかまの中には、水辺《みずべ》にくらすものがたくさんいます。水辺のコモリグモたちはアメンボのように水面を歩き回り、水面に落ちた昆虫などをねらって食べています。なぜ水の上を歩けるのかと

いうと、体重が軽いこと、そして水をはじく体を持っているからです。忍者《にんじゃ》は川などの水の上をわたる時に「水蜘蛛《みずぐも》」という忍《しの》び道具を使ったそうですが、その名前はこのクモたちの習性《しゅうせい》に由来しているのかもしれません。

コモリグモににたキシダグモのなかまも、川のほとりで生活するものがいます。このクモはコモリグモよりも体が大きく、中には水にもぐって小魚をとらえるものもいます。また、水の中は危険《きけん》がせまった時のひなん場所にもなります。おなかにはたくさんの毛が生えているので、空気のあわを体にまとい、数十分から長い時は一時間以上《いじょう》ももぐることができます。まさに忍者の「水とんの術《じゅつ》」ですね。

ほかにも水辺《みずべ》にはたくさんのクモがすんでいますが、水の中で一生をすごす種類《しゅるい》は一種だけです。一章でも紹介《しょうかい》した「ミズグモ」です。ヨーロッパからロシアまでとても広い範囲《はんい》に生息していて、日本でも見られます。本州・九州ではかぎられた場所にしかいませんが、北海道で広く見られます。

このクモは、魚のように水の中で呼吸《こきゅう》するわけではありません。なんと水中で水草の間に糸を重ねたドームをつくり、そこに空気をためて家をつくります。水面とドームを何回も往復《おうふく》して、おなかやあしに空気のあわをかかえて持ってくることで、家の中に空気をためていきます。家ができると、時々《ときどき》、おなかに空気のあわをまとって水の中を散歩《さんぽ》し、獲物《えもの》をさがします。とらえた獲物は水中では食べず、空気のたまった家に持ち帰って食べます。

なぜこのようにわざわざ不便《ふべん》な水の中に家を建《た》てるようになったのかはわかっておらず、不思議《ふしぎ》です。

さて、これまでにクモの泳ぐ能力《のうりょく》、もぐる能力を紹介しましたが、ジャンプがとくいなクモもたくさんいます。代表的《だいひょうてき》なクモとして、ハエトリグモのなかまがあげられます。このクモたちは獲物を待ちぶせするのではなく、獲物を追って狩《か》りをします。ハエトリグモは視力《しりょく》がよくて、私《わたし》たち人間と同じように色もわかりますし、動くものにも反応《はんのう》します。たとえば、パソコンの画像《がぞう》のカーソルを動かすと、ハエトリグモはそれをエサとかんちがいして追いかけることもあります。また、ハエトリグモのジャンプ能力《のうりょく》はとてもすぐれていて、最大《さいだい》で自分の体の二五倍ものきょりを一度のジャンプでとぶことができるといわれています。人間でたとえると、四〇メートル以上《いじょう》のきょりを助走なしでとべることになります。

ハエトリグモは家の中や草むらで見かけることがありますが、まるで忍者《にんじゃ》のようにぴょんぴょんとびはねて獲物《えもの》をとらえます。このジャンプするようすから、英語では「ジャンピングスパイダー」とよばれています。

海外にはジャンプするだけではなく、高い木の上から地上までムササビのように空を飛《と》ぶクモもいます。それは熱帯《ねったい》地方にすむアワセグモのなかまです。熱帯の森はとても木が高いので、歩くよりも、木と木の間を飛んで移動《いどう》する方が速いためだと考えられます。

このほかにも一章で紹介《しょうかい》したように、クモは糸で空を飛行《ひこう》することができ

水蜘蛛《みずぐも》の術《じゅつ》
水とんの術
ものすごい
ジャンプ力

ます。風の力でクモが運ばれるわけですが、どうも、このクモが飛《と》び立つうえで、電気も関係《かんけい》していることが最近《さいきん》わかってきました。クモは飛ぶ時にたくさんの糸を出しますが、糸どうしが静電気《せいでんき》を帯《お》びています。空と地面の間には、大気電場という電気の流れる道があって、磁石《じしゃく》の同じ極《きょく》どうしのように、電気を持っているものをはじく力がはたらきます。そのため、なんと風がなくても電気の力を利用《りよう》して飛び立つことができるそうです。もはや、忍《にん》術《じゅつ》というよりも超能力《ちょうのうりょく》といったほうがよいかもしれませんね。

第3章

クモと人のつながり

陸上《りくじょう》の王者

私《わたし》にとってクモは興味《きょうみ》深い生きものですが、多くの人は見た目などから苦手と感じるようです。人々《ひとびと》にきらわれることがあっても、実はクモは自然界《しぜんかい》で大事な役割《やくわり》を果《は》たしています。

一章でもお話ししたように、すべてのクモはほぼ肉食です（ただし、南米におもに植物を食べるクモも一種《いっしゅ》だけ知られています）。さまざまな昆虫《こんちゅう》を食べています。クモは地球上のいろいろな場所に生息しているので、全部のクモを合わせると、とても多くの昆虫を食べていると考えられます。

クモがどのくらいの昆虫を食べているのか気になりますよね？　ヨーロッパの研究者が、地球上のすべてのクモが一年間に食べる獲物《えもの》の量《りょう》をざっくりと計算しました。その結果《けっか》、なんと四億《おく》から八億トンもの昆虫を食べていると推定《すいてい》されました。具体的《ぐたいてき》な量をイメージするのはむずかしいかもしれませんが、世界中の人間の肉の消費量は、一年間に三億五〇〇〇万トンくらいなので、それをも上回っているのです。クモの食欲《しょくよく》のすごさがわかるでしょう。

さまざまな生きものを食べる肉食動物たちは、生態系《せいたいけい》のバランスをたもつという役割を果たしています。たとえば、アフリカのサバンナでもライオンがシマウマやスイギュウ、ガゼルなどを食べることによって、草食動物がたくさんふえることを防《ふせ》いでいます。一見、ざんこくに思えるかもしれませんが、草食動物がふえすぎると今度は植物がへり、生態系のバランスが大きくくずれてしまいます。クモたちは小さいけれど、同じことがいえます。クモは数も多く、陸地《りくち》のどこにでもいるので、さまざまな場所で生態系のバランスをたもっているのです。また人間に直接《ちょくせつ》役立つはたらきもしています。大量のクモの食事の中には、農作物に被害《ひがい》をあたえる害虫《がいちゅう》もたくさんふくまれています。クモが害虫を少なくすることで、農作物の被害を前もって防いでくれているのです。ですから、クモは農家の強い味方といえますね。

ここでみなさんにおぼえてほしいのは、生きものは必《かなら》ずしもなにか目的《もくてき》を持って生きているわけではないということです。肉食動物たちは生態系《せいたいけい》や人間のために役立とうとして、ほかの生きものを食べているわけではありません。さまざまな生きものがエサを食べたり、食べられたりすることで、結果《けっか》的《てき》に自然《しぜん》のバランスがとれているのです。

クモをさがしてみよう

ここまで、さまざまなクモを紹介《しょうかい》しました。では、じっさいにどんなところにクモがいるのか、さがしに行きましょう。

クモをさがす前に、まずクモがどんなところに多いのかを考えてみましょう。人間がくらしていくうえで衣食住《いしょくじゅう》はとても大事ですよね。クモの場合、服は着ませんから、食べものとすみかが大事になります。

食事については、すでにお話ししたとおり、クモはほかの生きものを食べています。ですから、エサとなる昆虫《こんちゅう》がほうふな場所はクモの数も多くなります。ところで、クモはおとなになるといろいろな生きものを食べることができますが、子どものころは体が米つぶよりも小さいので、つかまえられるエサが、かぎられています。そんな時の大事な食料《しょくりょう》が、落ち葉や地面から出てくる小さなハエやトビムシです。これらの生きものは大きさも一ミリメートル以下《いか》なので、小さなクモでも食べることができます。これらの生きものが少ないと子グモたちはそもそも大きくなれませんから、小さなエサがたくさんいる環境《かんきょう》は、子グモが成長《せいちょう》するうえでとても大事です。

すみかについては植物が欠《か》かせません。なぜなら、網《あみ》をささえるものがないとクモは網をはれないので、植物は網をつくるための足場になります。また、網《あみ》をはらないクモたちも、植物を折《お》ったり、糸でより合わせたりして、かくれがや産卵《さんらん》のための部屋をつくります。

またクモは種類《しゅるい》によってすむ場所がちがいます。たとえば、イネのような細い葉っぱが好《す》きなクモもいれば、木のみきが好きなクモもいます。ですから、森と草むらではそこにすむクモの顔ぶれもちがいます。同じ草むらでも生えている植物がちがえば、やはりクモの顔ぶれもかわります。そのため、いろんなタイプの環境《かんきょう》があることで、そこにすむクモの種類の数もふえます。

じっさい、身近な環境にはどのくらいの種類がいるのでしょうか？　私《わたし》はむかし、自然《しぜん》公園で解説員《かいせついん》をつとめていたことがあって、その時、公園の中にクモが何種類いるのかを調べてみました。季節《きせつ》ごとに森や水辺《みずべ》、草むらのクモを調べたのですが、なんと一一五種ものクモを見つけました。水辺には水辺のクモが、森には森のクモがいるように、いろんな環境がある公園ほど、クモの種数が多いことを実感しました。さまざまな種類があることを「多様《たよう》

【すむ場所でちがうクモの種類】

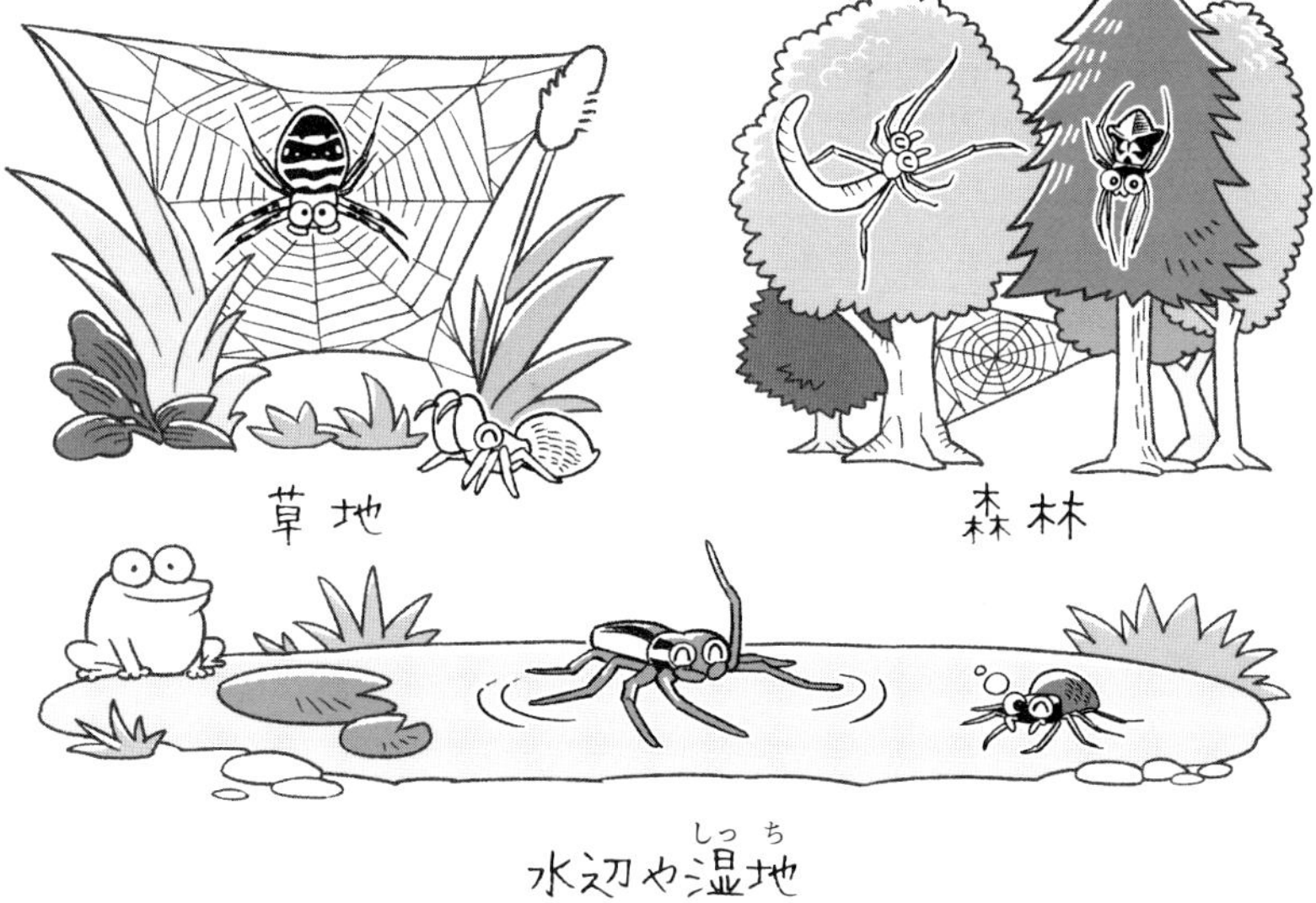

性《せい》」と言いますが、クモにとって環境の多様性はいろいろなクモが生きていくうえで大事なのです。

もしみなさんが、クモを観察《かんさつ》したいと思った時、必《かなら》ずしも自然ゆたかな場所に行かなくてもだいじょうぶです。家の中やまわりでも見られます。たとえば、落ち葉の下や地面のわずかなすき間にもクモはいます。ためしに園芸用《えんげいよう》のふるいで庭の落ち葉をふるってみてください。一〜二ミリメートルほどのサラグモとよばれるクモや、コモリグモの子グモなどが見つかるでしょう。

家の中で、よく見られるのがハエトリグモのなかまです。かべや天井《てんじょう》にたまにぴょんぴょんとびはねるクモを見つけたら、それはハエトリグモのなかまにちがいありません。私《わたし》が住んでいる関東《かんとう》地方ではアダンソンハエトリという種類《しゅるい》がよく見られますが、西日本ではチャスジハエトリもよく見られます。イエユウレイグモも名前のとおり、家の中や建物《たてもの》で見られるクモで、すみっこでシート状《じょう》の網《あみ》をはります。割《わり》と大きなクモですが、あしが長く、すき通っているので、弱々《よわよわ》しい印象《いんしょう》です。このクモはすんでいる範囲《はんい》が広く、世界中にいます。また家の屋根の下やかべの外側《そとがわ》に網《あみ》をはるオオヒメグモも分布《ぶんぷ》が広く、世界中で見られます。おそらく船や飛行機《ひこうき》の貨物《かもつ》などといっしょに運ばれて広がったのでしょう。

家にすむクモでもっとも大きなクモは、アシダカグモというクモです。おもにあたたかい地域《ちいき》にすむ種類で、あしを広げると手のひらからはみ出す大きさになります。とても大きなクモですが、見かけによらず動きがすばやくて、家にあらわれるゴキブリなども食べてくれます。

チャスジハエトリ

アシダカグモ

クモを採集《さいしゅう》しよう

クモを見つけたら、次はつかまえてみましょう。みなさんの中には昆虫採《こんちゅうさい》集をしたことがあっても、クモを採集したことがある人は少ないのではないでしょうか？　まず、クモをどうやってつかまえるのかですが、基本的《きほんてき》には昆虫採集と同じで、虫とり網《あみ》とクモを入れる容器《ようき》があればだいじょうぶです。クモはねがないので、昆虫よりもつかまえやすいです。とくに網をはるクモは、網の真ん中やかくれがにいるので見つけやすいです。

虫とり網を使ってクモをつかまえる方法《ほうほう》ですが、私《わたし》はよく「すくいとり法」を使います。すくいとり法とは、その名のとおり、草むらなどを虫とり網ですくう方法です。一見なにもいない草むらでも、網ですくってみるとクモをふくむさまざまな生きものがとれます。

クモのつかまえ方によって、とれるクモの種類《しゅるい》やグループもかわります。

また「たたき落とし法《ほう》」もあります。これは、棒《ぼう》を用意して、木や植物をたたいて、そこにかくれているクモを落として採集《さいしゅう》する方法です。落ちたクモを受けるために、私《わたし》はビニールがさを裏返《うらがえ》して使っています。

地面にいるクモについては、落ち葉や土をざるにのせてふるう方法もあります。これにより、土や落ち葉にかくれているクモを見つけることができます。ざるの代わりに一〇〇円ショップで売っている水切りカゴとトレーも使えます。

自分の目でクモの網《あみ》をさがしたり、植物のすき間や地面を歩いているクモを見つけたりする方法もあります。これは「見つけどり」と言いますが、クモの習性《しゅうせい》を知っていると効率《こうりつ》よく採集できます。

とったクモを入れる容器《ようき》ですが、クモの種類《しゅるい》によっては、すき間からぬけ出せるほど平べったいものもいるので、あながあいていないケースがよいです。私はとうめいなフィルムケース型《がた》の容器を使っています。

クモとのふれ合い

【クモの網でつくった虫とり網】

クモは身近な生きものなので、むかしから人間の生活とも深くかかわってきました。今ではみなさん、インターネットやゲームで遊ぶことが多いと思いますが、むかしはそのようなものはありません。子どもたちは自然《しぜん》の中で遊んでいて、中にはクモを使った遊びもありました。

そのひとつに、クモの網でつくった虫とり網があげられます。夏になると、セミとりを楽しむ人がいますが、むかしは今のようにりっぱな虫とり網は売っていませんでした。そこで、クモの網《あみ》を使って虫とり網を自分でつくることがありました。つくり方は、竹ざおの先に、はり金や竹ひごを曲げて輪《わ》をつくり、そこにクモの網をからめるだけです。これで虫とり網の完成《かんせい》です。

昭和の前半には、このクモの虫とり網でセミをとった経験《けいけん》のある子どもも多かったそうです。とくに人の家のまわりで見られるオニグモの網は、ねばりつく力が強いので、セミをとるのにとてもよかったそうです。

また、クモどうしを戦《たたか》わせる「クモ相撲《ずもう》」という遊びもあります。有名なのは、鹿児島県加治木町《かごしまけんかじきちょう》（現在《げんざい》の姶良市《あいらし》）の「クモ合戦《がっせん》」です。コガネグモのメスを二匹《ひき》、棒《ぼう》に乗せて取っ組み合いをさせます。おなかをかまれたり、棒から落ちたりしたほうが負けというルールです。始まりは四〇〇年以上前《いじょうまえ》といわれています。同じ遊びは高知県の四万十市《しまんとし》でも知られています。遊びというわくをこえて、町や市の伝統行事《でんとうぎょうじ》にもなっています。

さらに、神奈川県《かながわけん》の横浜市《よこはまし》や千葉県の富津市《ふっつし》でも、別《べつ》のクモを使ったクモ相撲があります。こちらはネコハエトリのオスが戦います。この相撲は板の上にクモを乗せて戦わせるのですが、クモは相手に出合うと太い前あしをのばして、その長さを競《きそ》います。基《き》本的《ほんてき》にあしが長いクモが勝つようですが、長さが同じくらいだと、取っ組み合いの戦いにまで発展《はってん》するそうです。

【クモ相撲のようす】

ここで紹介《しょうかい》した遊びは、今では多くの地域《ちいき》でわすれ去られたものも多いのですが、私《わたし》たちのくらしの中にクモが根づいていたことを物語っています。

クモたちの宇宙《うちゅう》ぼうけん

さて、クモは地球のあらゆる環境《かんきょう》にすむといいましたが、なんと宇宙に行ったクモもいます。

それは今から五〇年以上前《いじょうまえ》の一九七三年のことです。アメリカ合衆国《がっしゅうこく》のスカイラブという宇宙ステーションの中で、クモに巣《す》をつくらせるプロジェクトが行われました。スカイラブは宇宙開発の基礎《きそ》となる実験《じっけん》を行うための場所で、さまざまな科学実験が行われました。このプロジェクトは、高校生の提案《ていあん》が採用《さいよう》されたそうです。

地球には重力がありますが、宇宙には重力がありません。クモは重力を利《り》用《よう》して網《あみ》を下りていきます。クモは宇宙空間で、まともに網をはれるのでしょうか？

宇宙に行ったクモは、円網《えんもう》をはるニワオニグモという種類《しゅるい》でした。結果《けっか》を言うと、クモは重力がなくてもりっぱな円網をはることができました。ただし、宇宙で撮影《さつえい》された写真が少なかったため、地球ではる網とどのようにちがうのかまでは、よくわからなかったそうです。

その後も網をはるクモたちは宇宙をぼうけんしています。二〇〇八年には二種類の円網をはるクモが、二〇一一年にはジョロウグモの一種が宇宙ステーションに行きました。二〇一一年の実験では、おもしろいことがわかりました。

ジョロウグモは、地球では上下に非対称《ひたいしょう》な円網をはります。どういうことかというと、網は真ん丸ではなく、クモのいる位置《いち》よりも上側《うえがわ》の面積《めんせき》は小さく、下側の面積のほうが大きい形をしています。地球には重力があるため、クモは高いところから低《ひく》いところに向かったほうがすばやく獲物《えもの》に飛《と》びつくことができます。それで網の下側が大きくなっているのです。ところが宇宙では重力がありません。ですから、どの方向でも同じ速さで動くことができ

【宇宙と地球の網のちがい】

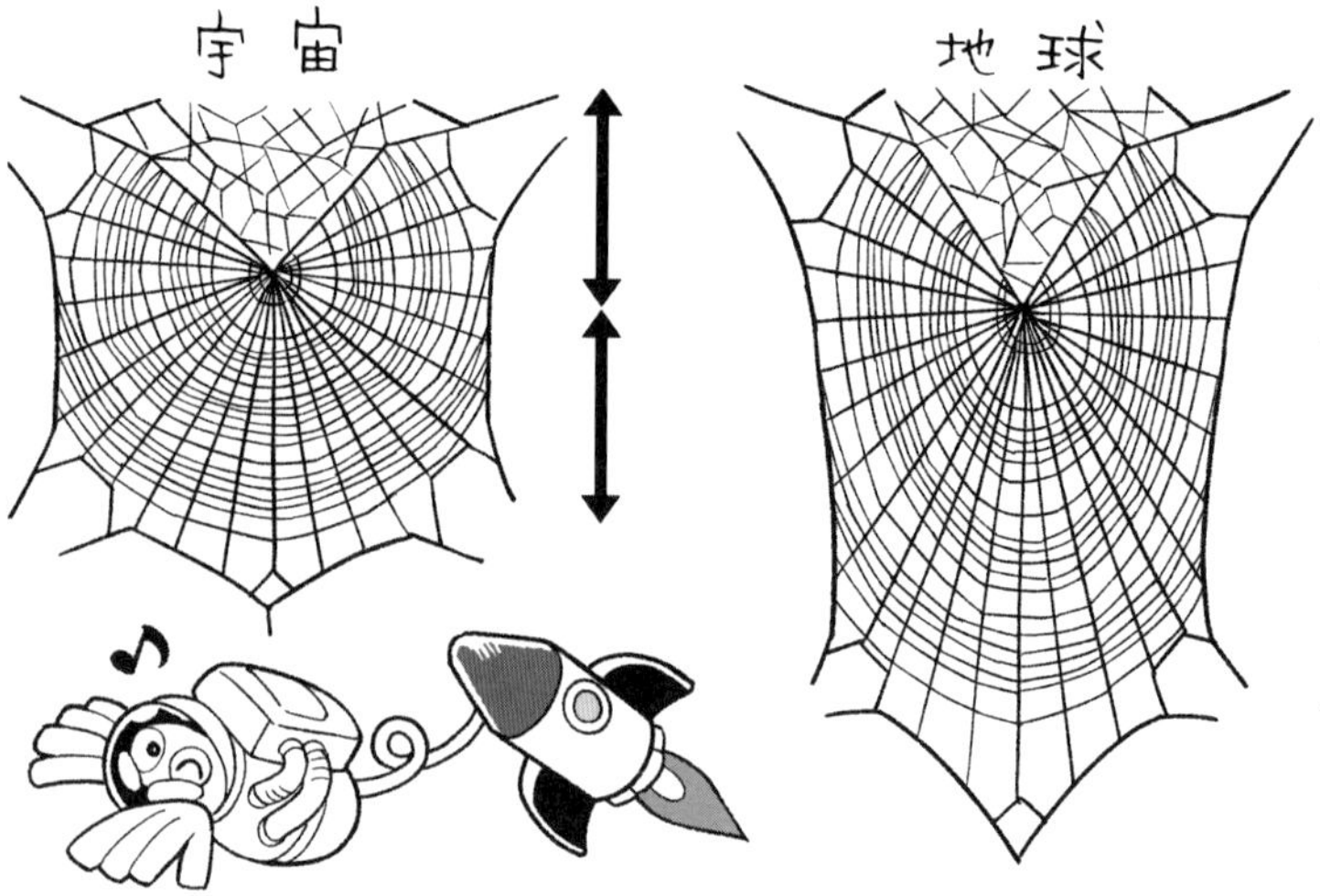

宇宙は無《む》重力《じゅうりょく》なので、クモは円に近い網をはります。

ます。そのため、宇宙《うちゅう》でつくる網《あみ》は面積《めんせき》のかたよりが少なく、より「円」に近い網をはることがわかったそうです。

　このように、クモたちの宇宙のぼうけんによって、重力のない宇宙でもクモはじょうずに網をはれること、そして、重力がクモの網の形にえいきょうしていることがわかりました。次の宇宙旅行はいつになるかわかりませんが、きっとまた新しいことを教えてくれるにちがいありません。

ゆめの素材《そざい》　クモの糸

生きものの中には、クモのほかにも、糸を使うものがいます。カイコ、ミノムシ、トビケラ、そしてちょっとマニアックなシロアリモドキという虫もいます。でも、クモのように糸を使って、幾何学模様《きかがくもよう》の美しい巣《す》をつくる生きものはいません。

クモの糸はゆめの素材ともいわれています。なぜかというと私《わたし》たちの身の回りにある素材にはない特長《とくちょう》があるからです。たとえば、鋼鉄《こうてつ》はかたくてがんじょうでも、一度形がくずれると元にはもどりません。でも、クモの糸はやわらかくて強いだけではなく、のびちぢみする性質《せいしつ》を持っています。だから形がかわってもだいじょうぶ。クモの糸を使えば、じょうぶでじゅうぶなんな素材をつくれるかもしれません。

でも、クモの糸は細くてとても弱そうに見えますよね。人間が手で引っぱればかんたんに切れてしまいますが、これはクモの糸が直径《ちょっけい》わずか五※マイクロメートルしかなく、とても細いためです。実はとてもじょうぶで、これを鉄棒《てつぼう》くらいの太さにすると、同じ太さの鋼鉄《こうてつ》よりもじょうぶになります。芥《あく》川《がわ》龍《りゅう》之《の》介《すけ》の書いた「蜘蛛《くも》の糸」という小説《しょうせつ》では、じごくに落ちた主人公のカンダタが、お釈迦様《しゃかさま》が天国からじごくにたらしたクモの糸を登る場面が出てきます。じっさい糸さえ太ければ、本当に人を持ち上げることができます。

　クモの糸はこんなにすばらしい素材《そざい》ですから、むかしから人々《ひとびと》はこれを利《り》用《よう》しようと考えてきました。たとえば、クモの糸から服やくつ下をつくろうとした記録《きろく》がありますが、そのためには何万匹《びき》というクモが必要《ひつよう》なので、大《たい》量生産《りょうせいさん》をするのはむずかしいことでした。でも、一〇年ほど前に「Spiber株《かぶ》式《しき》会社」という日本の会社が、人工的《じんこうてき》にクモの糸のような素材の糸を大量生産する方法《ほうほう》を見つけて、服をつくりました。私《わたし》もクモ学会に参加《さんか》した機会《きかい》に、この会社をおとずれたことがありますが、この糸でつくったドレスがすごく印象的《いんしょうてき》でした。

クモの糸の実用化は今まさに研究が行われているところです。最近《さいきん》は生産の現場《げんば》でも、地球にやさしいエコな取り組みが広がっていますが、クモの糸は自然《しぜん》に分解《ぶんかい》されやすい素材なので、将来《しょうらい》この技術《ぎじゅつ》が広がれば環境《かんきょう》にやさしい生産活動の力になれるかもしれません。実用化にはさまざまな困難《こんなん》があるようですが、今後クモの糸がどのように役立つものになるのかが楽しみです。

※ 一〇〇〇分の一ミリメートル

チャレンジ！「クモ クイズ」

※問題は38ページ

Q.1の答え　③30cm以上《いじょう》

世界でいちばん大きなクモは、南米の熱帯《ねったい》地域《ちいき》に生息しているゴライアスバードイーターというオオツチグモ科（タランチュラ）のなかまです。あしを広げるとなんと30cmほどになります。ちなみに日本一大きなクモはオオジョロウグモ（あしを広げると10cm以上）です。南西諸島《しょとう》と鹿児島《かごしま》本土で見られます。

Q.2の答え　③0.5mm以下

世界でいちばん小さなクモはユアギグモの一種《いっしゅ》です。ポルトガルに生息する種のメスの体長は、なんとたったの0.4mm程度《ていど》しかないそうです。塩《しお》つぶと同じくらいの大きさです。

Q.3の答え　②糸の上をうまく歩いているから

クモの円網《えんもう》は、横糸と縦糸《たていと》でできています（41ページ参照《さんしょう》）。横糸はねばねばしているので、ものがくっつきやすいですが、縦糸はねばねばしていません。クモは縦糸をじょうずに歩いて網《あみ》を移動《いどう》します。また、クモの体に生えている毛や表面の物質《ぶっしつ》も、糸にくっつきにくくしているそうです。

第4章

クモを研究する

行動を調べる

私《わたし》はこれまでクモについて、いろいろな研究を行ってきましたが、大きく分けて三つのテーマがあります。一つ目はクモの行動、二つ目は新種《しんしゅ》の発見、三つ目はクモと農業とのかかわりについてです。この章では順番《じゅんばん》に、これらの研究について紹介《しょうかい》したいと思います。そして最後《さいご》に、クモに興味《きょうみ》を持ったきっかけをお話しします。

私は高校を卒業《そつぎょう》したあと、大学の理学部で勉強していました。理学部とは、おもに自然《しぜん》のしくみについて研究するところで、私がいた生物学科では生きものの体や行動について学んでいました。その中でも、とくにクモがどうやって網《あみ》をつくるのかに興味を持っていました。なぜかというと、クモの網を見ると、さまざまなことがわかるからです。たとえば、円網《えんもう》をはるクモは、時間がたつと糸がねばらなくなるので、網を食べて新しくはり直します。はり直した網は、毎日少し形や大きさがちがっていて、その変化《へんか》には意味があります。たくさん獲物《えもの》がとれた次の日はエサをたくさんとる必要《ひつよう》がないので、小さな網をつくります。逆《ぎゃく》に、あまりエサがとれなかった次の日はたくさん獲物をつかまえるためにもっと大きな網をはります。このように、クモはエサの必要性《ひつようせい》に応《おう》じて、うまく網の形や大きさをかえているのです。言いかえると、網を見ることによって、「おなかがへった～」などとクモの気持ちがわかるのです。それがとてもおもしろいと思いました。

大学を卒業した後は、本格的《ほんかくてき》にクモの研究を行いたいと思い、大学院に進学しました。大学院とは、大学の学部を卒業したあとに進学する学校のことで、専門的《せんもんてき》な知識《ちしき》を身につけることができます。クモの行動を研究するのは「生態学《せいたいがく》」という生きもののどうしや環境《かんきょう》とのかかわりを調べる分野で、生態学の研究ができる大学院に進学しました。その時、ナガコガネグモという種がおなかのすき具合によって、網《あみ》の形をかえることを発見しました。

ナガコガネグモはコガネグモのなかまで、黄色いおなかに黒いしま模様《もよう》を持つ目立つクモです。このクモはふだん円網《えんもう》をはりますが、時々《ときどき》この網の前後に、バリアー網《あみ》とよばれる立体的《りったいてき》な網をつくることがあります。この網は粘着性《ねんちゃくせい》がない糸でできているので、おそらく獲物《えもの》をつかまえるのではなく、天敵《てんてき》の攻撃《こうげき》から身を守るためのものと考えられます。クモのおもな天敵として、クモを専門《せんもん》にねらうクモバチのなかまや、昆虫《こんちゅう》を専門に食べる鳥類《ちょうるい》がいます。

私《わたし》はこのバリアー網の役割《やくわり》に興味《きょうみ》を持ったので、何台もビデオカメラを使って、その防衛機能《ぼうえいきのう》を明らかにしようと思いました。しかし、三日間とまりがけで調査《ちょうさ》を行ったものの、結局《けっきょく》クモをおそいにクモバチがあらわれたのはたった一度きりでした。これではデータを集めるのがたいへんです。

そこで、やり方をかえて、バリアー網の使い分けに注目してみました。ナガコガネグモは同じ場所にいても、バリアー網をつくるクモと、つくらないクモがいることに気づいたからです。みんながバリアー網をつくれば天敵から身を守れるのになぜ？　と思いました。もしかしたら、バリアー網をつくることにもなにか不都合《ふつごう》があるのかもしれません。たとえば、このバリアー網の糸には粘着性がないので、明らかに獲物をつかまえるのにじゃまになっているように見えます。ですから、天敵から身を守るメリットがあっても、エサをつかまえるには不都合かもしれないと思いました。

そこで野外のクモを対象《たいしょう》に、バリアー網があるか・ないかと、おなかのすき具合（空腹度《くうふくど》）を調べてみました。「おなかのすいたクモは、エサを食べたいので、獲物をつかまえるのにじゃまなバリアー網をつくらない。逆《ぎゃく》に満《まん》腹《ぷく》なクモは、エサをとることよりも天敵から身を守るほうが大切なので、バリアー網をつくる」と予想しました。

野外でどうやってクモのおなかのすき具合を調べたのか。これは体長（体の大きさ）に対する腹部《ふくぶ》の幅《はば》を物差《ものさ》しにしました。クモは体をおおう殻《から》がやわらかいため、エサをたくさん食べるとおなかがふくれます。一方、頭胸部《とうきょうぶ》の幅はおなかのすき具合によってかわらないので、体長の物差しになります。

二年間かけて一〇〇匹《ぴき》以上《いじょう》のクモの網《あみ》の形（バリアー網があるか・ないか）を記録《きろく》し、頭胸部と腹部の幅を調べました。その結果《けっか》、予想どおり、満腹《まんぷく》なクモほどバリアー網をつくる傾向《けいこう》があり、逆《ぎゃく》におなかがすいているクモほどバリアー網をつくらないことがわかりました。つまりエサがとれているクモほど、天敵《てんてき》の防衛《ぼうえい》により力を入れていると考えられます。

この研究では、残念《ざんねん》ながらバリアー網が天敵からクモの身を守るようすを観察《かんさつ》することはできませんでしたが、網の使い分け方を調べることによって、その役割《やくわり》を確《たし》かめることができました。注意深く観察することによって、役割を調べることができるのも、生きものの行動研究のだいごみだと思います。

【ナガコガネグモのバリアー網】

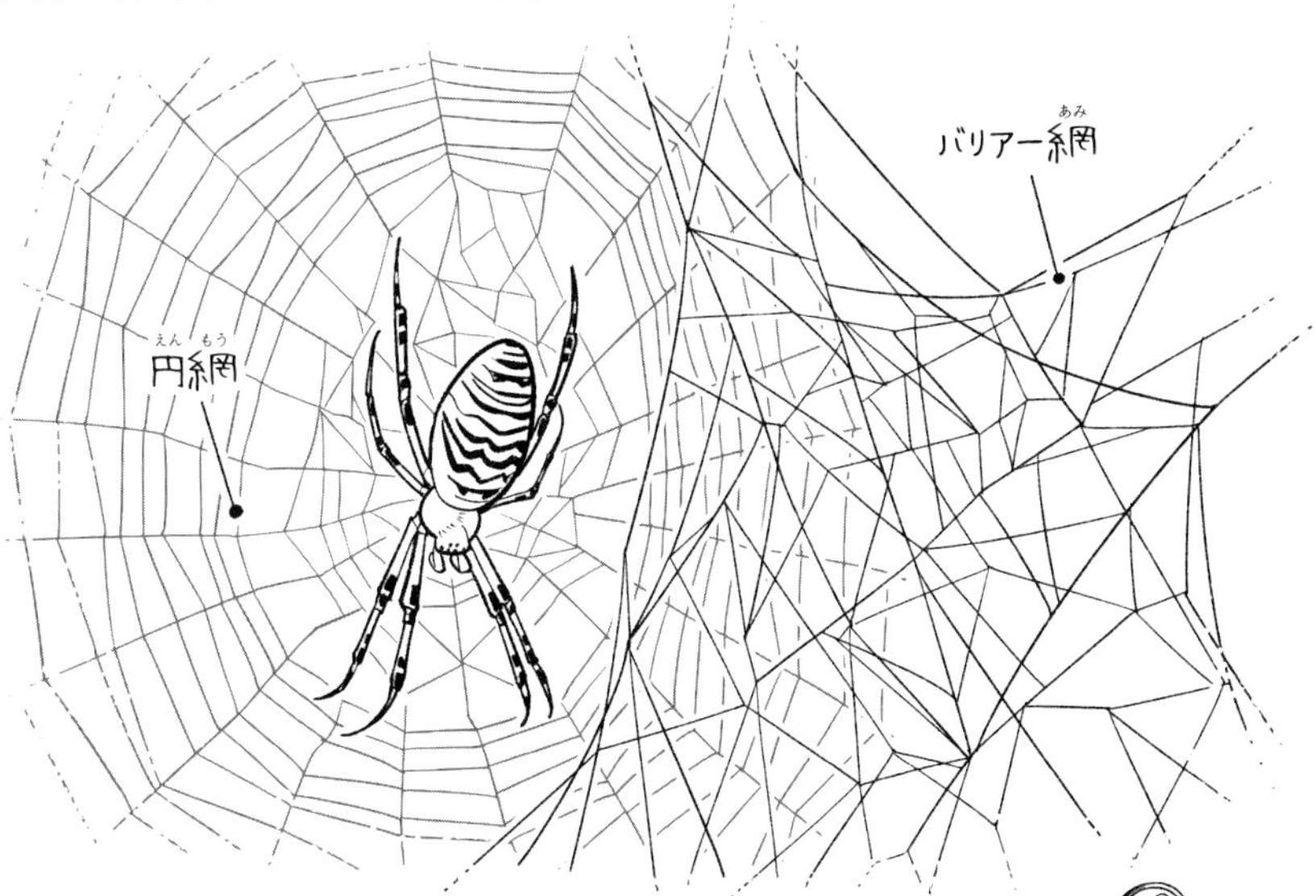

おなかがすいているかどうかを、腹部の幅でチェック！

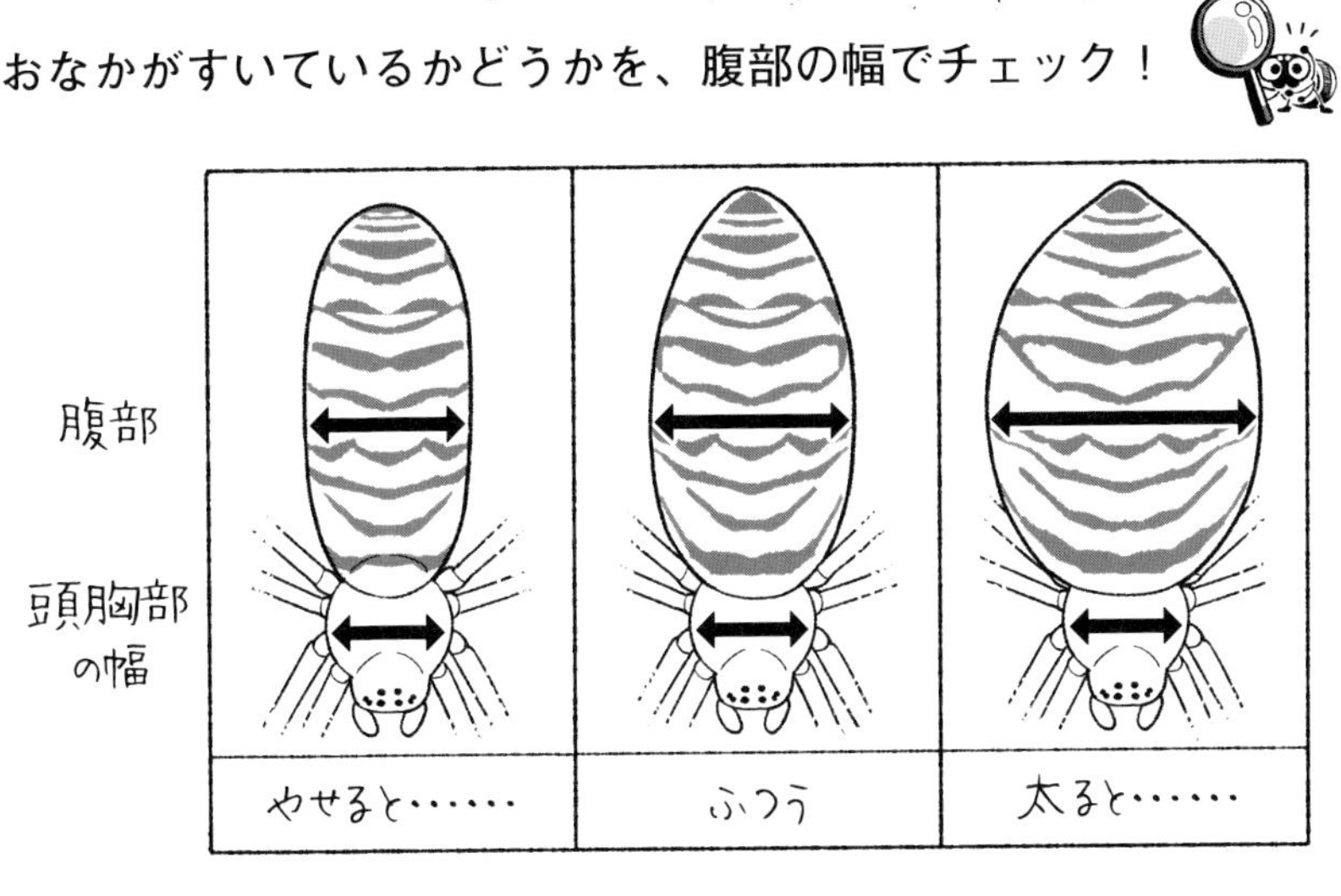

新種《しんしゅ》を発見！

私《わたし》は小学生のころからクモに興味《きょうみ》を持っていて、図鑑《ずかん》でクモの名前をおぼえていました。大学では生きもの好《ず》きが集まる生物研究部に入り、クモの標《ひょう》本《ほん》を集め始めました。

見つけたクモは、まず模様《もよう》を見ながら、図鑑で同じような見た目の種類《しゅるい》をさがします。しかし、同じ種類でも個体《こたい》によって色や模様、大きさが微妙《びみょう》にちがうため、身近によくいるクモは図鑑で名前を調べられますが、めずらしい種類になると見た目だけではわからないこともあります。また、図鑑にのっていない種類もいます。

名前がわからないクモを見つけた場合、どうすればよいのでしょうか？　クモの種類を見分けるためにいちばん大切なのは「生殖器《せいしょくき》の形」です。生殖器はメスではおなかのつけ根に、オスでは触肢《しょくし》の先にあります。この形がちがうと交尾《こうび》ができないため、種類を区別《くべつ》するポイントになります。しかし、生殖器は小さいので実体顕微鏡《けんびきょう》という道具を使って観察《かんさつ》します。クモが動き回ると生殖器は観察できないので、クモを標本《ひょうほん》にして観察する必要《ひつよう》があります。

クモの標本は、エタノールという保存液《ほぞんえき》につけます。エタノールは消毒液《しょうどくえき》として薬局でも売っています。エタノールは放っておくと気体になってしまうので、すき間のないガラスびんに標本を保存します。クモの標本をつくったら、顕微鏡で生殖器を観察し、スケッチをしたり写真をとったりします。その生殖器の形を図鑑や論文《ろんぶん》と照《て》らし合わせて、形が同じものをさがします。

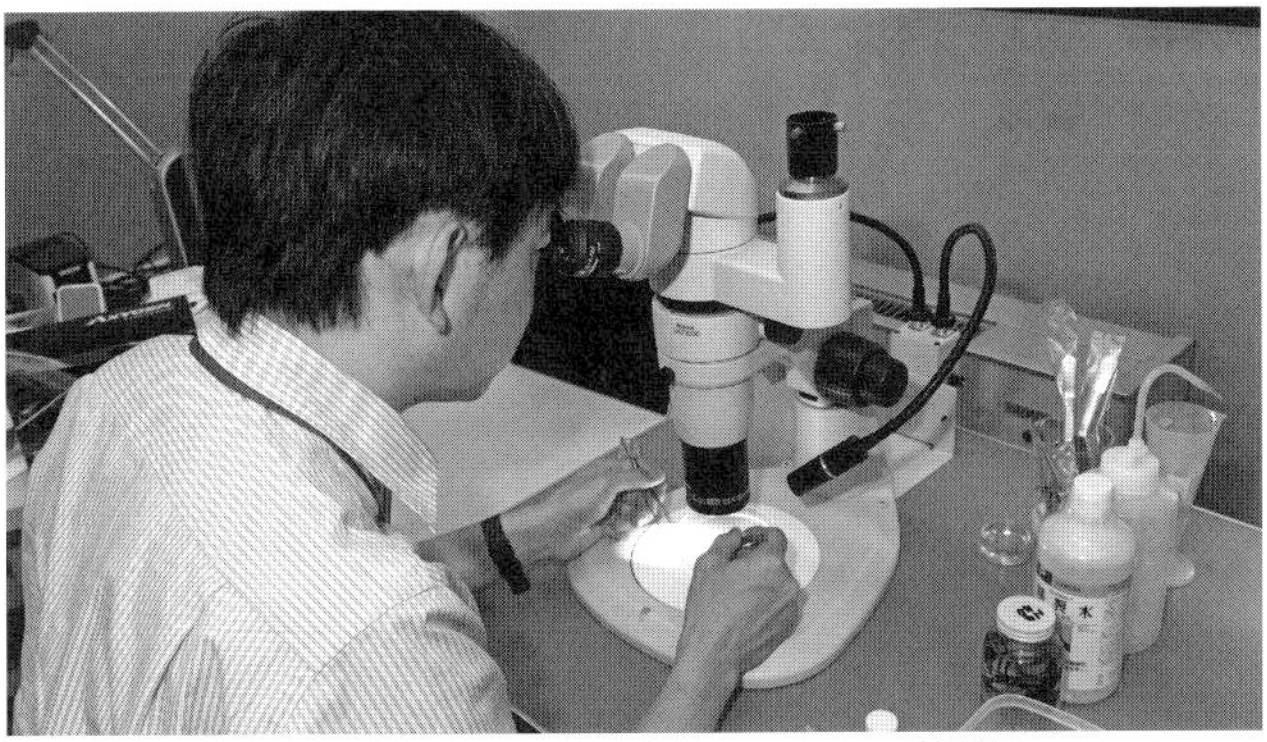

実体顕微鏡で、小さなクモの生殖器を拡大《かくだい》して観察。

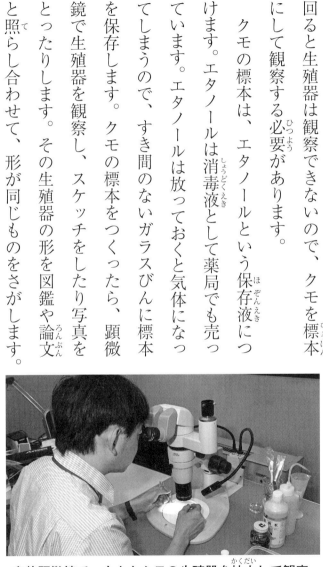

私《わたし》はこのように、クモをとる→標本《ひょうほん》にする→名前を調べるという作業を二〇年以上《いじょう》つづけてきました。家や研究所にはたくさんのクモの標本があり、一万匹《びき》以上の標本を持っています。この標本の中にはふつうに見られるクモのほかに、めずらしいクモや名前のついていないクモもふくまれています。

クモは五万種類《しゅるい》以上いるとされていますが、すべてのクモが図鑑《ずかん》にのっているわけではありません。まだ名前がついていない種類もいます。これを「未記載種《みきさいしゅ》」といい、名前がついたばかりの種類を「新種」とよびます。

これまでたくさんのクモを採集《さいしゅう》してきた中で、いくつかの新種を発見しています。思い出深いのが、大学院生の時に千葉県房総半島《ぼうそうはんとう》の里山で見つけたクモです。その時、水生昆虫《こんちゅう》の調査《ちょうさ》を手伝《てつだ》っていたのですが、休耕田《きゅうこうでん》でたくさんのオタマジャクシをねらうスジブトハシリグモという大きなクモの中に、見なれない模様《もよう》のクモがいました。そのクモは全身が茶色で、頭胸部《とうきょうぶ》や腹部《ふくぶ》に複雑《ふくざつ》な模様がありました。同じ種類でも色や模様がちがうことがあるため、最初《さいしょ》はスジブトハシリグモのめずらしい模様の個体《こたい》だと思いました。しかし、なにか変《へん》だなと思ったので、採集して飼育《しいく》することにしました。

研究室で飼育を始めると、そのクモは水をいやがり、いつも陸地《りくち》にいました。スジブトハシリグモなら水を好《この》むはずです。さらに形をよく見ると、あしが太く短くて、スジブトハシリグモとは体の形がちがっていました。これは別《べつ》の種かもしれないと思い、分類学者の谷川明男先生に調べてもらったところ、新種であることがわかりました。このクモは、私の名前がついた「ババハシリグモ」と名づけられました。

このほかにも、奄美大島《あまみおおしま》では民家《みんか》の生《い》け垣《がき》でクサグモのなかまを発見し、アマミクサグモと名づけられました。また、大学院の友人

ババハシリグモ

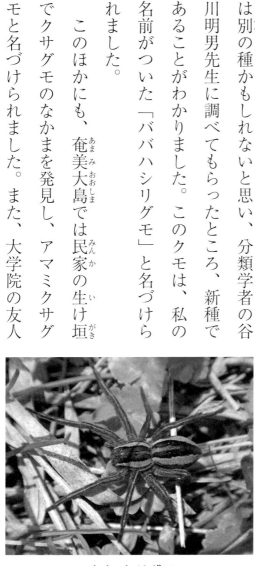

と、この島の山奥《やまおく》でジグモのなかまを見つけた時は、ヒラヤジグモという名前をつけてもらいました。

　このように、いくつものクモの新種《しんしゅ》を発見し、名前をつけてもらう経験《けいけん》をするうちに、自分自身で名前をつけてみたいと思うようになりました。クモに名前をつけるためには論文《ろんぶん》を書かなければなりません。論文にはその種の特徴《とくちょう》や見分け方、生殖器《せいしょくき》の写真やイラストを掲載《けいさい》します。私《わたし》は分類学《ぶんるいがく》の専門《せんもん》家《か》ではないので、論文の書き方がわかりませんでしたが、幸い研究室には谷川先生がいたので、先生に新種の発表のしかたを教わりながら、自分でクモの新種発見の論文を書けるようになりました。新種の論文を書く時にいちばん楽しいのは、自由に名前をつけることができる点です。これまで私が名づけたクモは、ミナミヤハズハエトリ、シマヤハズハエトリ、クマドリハエトリ、ワイノジハエトリ、オオサワヒメアシナガグモ、ヤマヒメアシナガグモ、ヨシタケイヅツグモ、アカオビハエトリ、そして二〇二四年に発表したヒメコマチグモの九種です。新種を見つけて名づける作業は、クモに生命をふきこむようなもので、自分で名づけたクモにはわが子のような愛情《あいじょう》がわきます。

未知《みち》の生きものと聞くと、けわしい山やジャングルなどの人が入りにくい大自然《だいしぜん》を思いうかべるかもしれません。もちろん、そういった場所にも新種はいますが、私が見つけたクモたちは、必《かなら》ずしも探検《たんけん》が必要《ひつよう》な場所ばかりではありません。たとえば、ワイノジハエトリは東京都足立区の荒川《あらかわ》のほとりの公園の手すりで見つかりましたし、クマドリハエトリは千葉県の利根運河《とねうんが》のほとりや茨城県《いばらきけん》の筑波《つくば》大学の構内《こうない》で見つかっています。つまり、名前のついていないクモは、私たちが気づかないだけで身近なところにもいるのです。これはクモにかぎらず、ほかの生きものにも当てはまります。大切なのは、「もしかしたらこれは新種かもしれない」と気づくことです。将来《しょうらい》、「私も新種を見つけたい、名前をつけてみたい」という人は、たくさんの生きものの名前をおぼえて、ぜひチャレンジしてみてください。

農業と生きもののにぎわい

私《わたし》は現在《げんざい》、農業の研究所ではたらいていて、農業とクモの関係《かんけい》について研究しています。多くの人が「なぜ農業とクモが関係あるの？」と疑問《ぎもん》に思うかもしれません。

みなさんは、「生物多様性《せいぶつたようせい》」という言葉を聞いたことがありますか？　多様性とはいろんな種類《しゅるい》があることを意味し、生物多様性は生きものの個性《こせい》や種類、そして生きものどうしがかかわり合う環境《かんきょう》をふくめたゆたかさを指します。現在、人間の活動によって生物多様性が失《うしな》われていて、そのえいきょうがとくに大きな場所のひとつが農地です。農地は作物を育てるだけではなく、多くの生きものにとっても重要《じゅうよう》なすみかです。たとえば日本の田んぼには、カエルやドジョウなど、六〇〇〇種以上《いじょう》の生きものがすんでいます。

これらの生きものの中には害虫《がいちゅう》を食べたり、果物《くだもの》の受粉《じゅふん》を助けたりするなど、大事な役割《やくわり》を果《は》たすものもいます。農作業をしやすくするために、農地を整備《せいび》することは必要《ひつよう》ですが、便利《べんり》さを求《もと》めすぎたり、農薬を適切《てきせつ》に使用しなかったりした結果《けっか》、生きものがへってしまいました。そこで私は、農業を行いながら生きものをどう守るのか、生きものが私たちの生活にどれだけ重要な役割を果たしているのかを研究しています。

田んぼの生きものをふやすための一つの方法《ほうほう》として、農薬の量《りょう》をへらすことがあります。このような田んぼは「環境保全型《ほぜんがた》水田」とよばれます。じっさいに生きものにやさしい取り組みがどれほどの効果《こうか》があるのかを調べるため、農薬を使った田んぼと使わない田んぼで生きものの数や種類を比較《ひかく》しました。この研究は農林水産省《すいさんしょう》のプロジェクトとして全国のさまざまな研究機《き》関《かん》で行われ、私たちの研究グループは、関東の田んぼで調査《ちょうさ》を行いました。

田んぼのクモを調べる

クモは自然《しぜん》のバランスをたもったり、害虫《がいちゅう》を食べてくれたりする大事な生きものです。クモ自身もカエルや鳥の食料《しょくりょう》になるので、多くの生きものの命をささえています。ですから、クモの数を調べることで、そこにいる生きもののゆたかさがわかるかもしれません。調査《ちょうさ》では、カエルや植物、昆虫《こんちゅう》、魚などのさまざまな生きものを調べましたが、私《わたし》はおもにクモを担当《たんとう》しました。

田んぼには、たくさんのクモがすんでいます。もっとも多いのが、アシナガグモです。細長くて、ふだんはイネの上であしをのばしてじっとしていて、朝夕のうす暗い時間帯《じかんたい》にイネとイネの間に水平な円網《えんもう》をはります。また水面に目をやると、網《あみ》をはらずに生活するコモリグモのなかまがたくさんいます。

とくに田んぼには、キクヅキコモリグモやキバラコモリグモというクモが多いです。どちらも体の長さが一センチメートルにも満《み》たないクモです。

そのほかにもイネの株元《かぶもと》にはシート網《あみ》をはるサラグモのなかまがすんでいます。このクモたちは体が小さく、わずか二ミリメートル程度《ていど》しかありません。そんな小さなクモでも、イネの害虫となるウンカの幼虫《ようちゅう》などを食べてくれるので、農家の強い味方です。

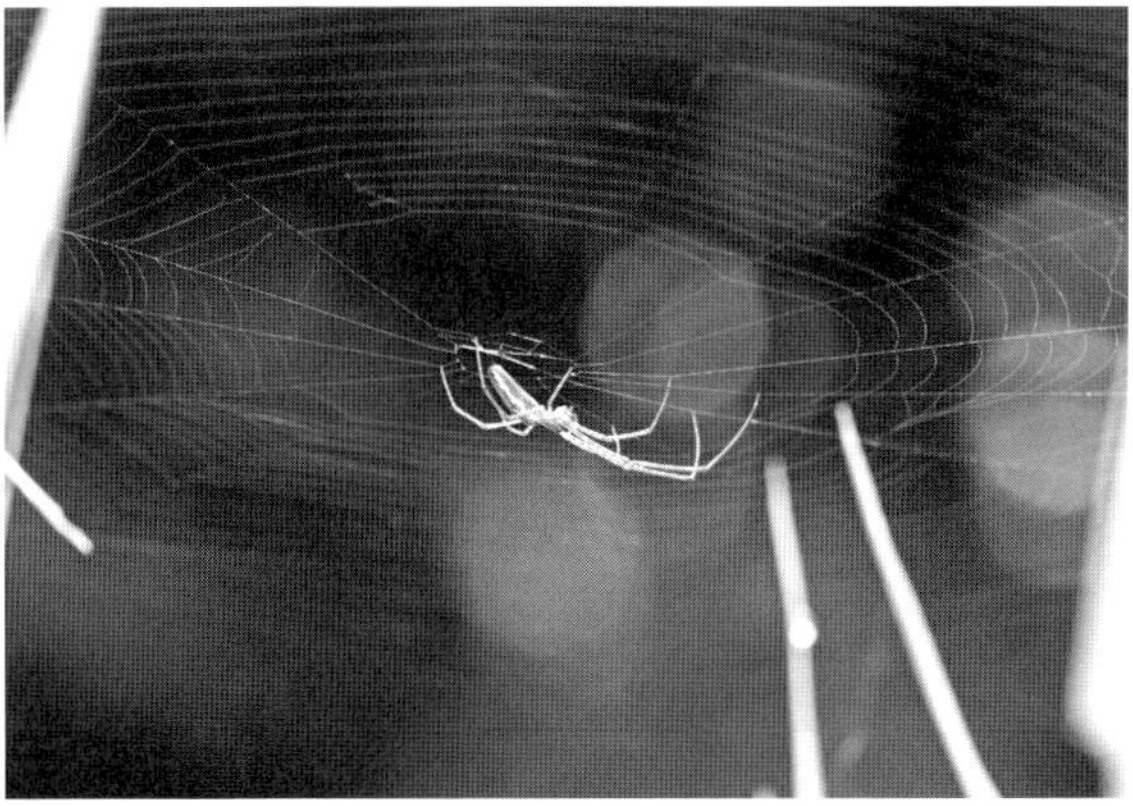

アシナガグモのなかま

私が今の仕事を始めた時、田んぼでクモを調べるのは初《はじ》めてで、わからないことだらけでした。いざ田んぼの中に入ってクモを調べようとすると、田んぼのどろが思いのほか深くて、とても歩きにくいことにびっくりしました。長ぐつではどろに足がとられて、すぐにぬげてしまうので、田んぼに入るための専《せん》用《よう》の田ぐつをはきます。これは足にぴったりとくっつくので、くつだけ取りのこされることはなく、歩きやすくなります。

さて、田んぼのクモの数や種類《しゅるい》をどうやって調べるのかですが、先ぱいの研究者がいろいろとためしたところ、次の方法《ほうほう》がよいことがわかりました。虫とり網《あみ》（直径《ちょっけい》三六センチメートル）を用意して、柄《え》は一メートルのところを持ち、網を円の半分の形に二〇回ふりながら前に進みます。これを田んぼの中の二か所で行うというものです。この方法で、イネの上にいるクモをたくさんつかまえられます。

イネの株元《かぶもと》にひそむ小さなサラグモやコモリグモのなかまは網ではつかまえられません。そこで、イネを直接《ちょくせつ》かき分けて数を数えます。一枚《まい》の田んぼでだいたい二〇株のイネを調べます。このクモを調べる時は腰《こし》をかがめなければなりませんので、暑い時期の調査《ちょうさ》はとてもたいへんです。また、イネの株元はとても暗いので、昼間の調査でもヘッドライトが必要《ひつよう》です。これらの調査は、イネが実る少し前の七月の中ごろから八月の初《はじ》めごろに行いました。

栃木県《とちぎけん》や茨城県《いばらきけん》で田んぼのクモを調べてみると、農業のやり方によって明らかにクモの数がちがいました。殺虫剤《さっちゅうざい》や除草剤《じょそうざい》を使わない田んぼでは、ふつうの田んぼにくらべてとてもクモの数が多いのです。平均《へいきん》で約《やく》二倍多く、場所によってはそれをはるかに上回ります。多いところでは虫とり網を二〇ふりで二〇〇匹《ぴき》以上《いじょう》のアシナガグモがとれました。なんでこんなに数がちがうのでしょうか？

殺虫剤を使うとクモが死ぬから？と考えるかもしれませんが、今は殺虫剤も改良《かいりょう》されていて、むかしのように無差別《むさべつ》に生きものを殺《ころ》すことはありません。また、殺虫剤は田ん

虫とり網で田んぼのクモをつかまえて、地道に調査を行います。

ぼに植える前の苗《なえ》を育てる容器《ようき》と、イネが実る前の田んぼにまかれますが、クモの数を調べたのは田んぼに殺虫剤《さっちゅうざい》がまかれる前でした。ですから、クモに直接《ちょくせつ》殺虫剤がかけられたわけではありません。おそらく、苗箱にまいた殺虫剤でクモのエサとなる昆虫《こんちゅう》が少なくなること、そして、除草剤《じょそうざい》によってクモのすみかや足場となる植物がへったことが関係《かんけい》しているのかもしれません。

おもしろいことに、環境《かんきょう》にやさしい田んぼでも場所によってクモの数がちがうこともわかりました。なぜだろうと注意してみると、田んぼでも森に近いところと、近くないところがあり、まわりの環境が明らかにちがいます。そして、森に近い田んぼでは、近くない田んぼよりもアシナガグモ類《るい》やコモリグモ類の数が多かったのです。なぜでしょうか？ くわしく調べてみると、森に近い田んぼほどエサとなるハエの量《りょう》が多いことがわかりました。おそらく森からエサとなる昆虫《こんちゅう》が飛《と》んできているのです。つまり、田んぼのクモの多い少ないは、農業のやり方だけではなく、まわりの環境も大事だったのです。

クモの数は、田んぼの管理《かんり》のしかたによってかわり、エサとなる昆虫の量とも関係しているので、「生きもののゆたかさをはかる物差《ものさ》し」になることがわかりました。しかし、クモの役割《やくわり》はそれだけではありません。クモたちはイネの害虫《がいちゅう》も食べてくれます。

イネの害虫にはさまざまな種類《しゅるい》がいますが、最近《さいきん》とくに問題になるのは、カメムシやウンカのなかまです。じっさいにクモがイネの害虫を食べているのかどうかを宮城県《みやぎけん》で調べた研究があります。クモのおなかを解剖《かいぼう》して、胃《い》の中に害虫の遺伝子《いでんし》（ＤＮＡ）があるかどうかを調べるという方法《ほうほう》です。田んぼでクモをつかまえて、クモの胃の中にふくまれる遺伝子を分析《ぶんせき》してみると、多くのクモのおなかの中からカメムシの遺伝子が見つかりました。これはクモが害虫のカメムシを食べている強い証拠《しょうこ》になります。じっさい、田んぼでクモとカメムシの数を調べてみると、アシナガグモ類が多い田んぼほど、カメムシの数がへることもわかったそうです。

私《わたし》たちが調査《ちょうさ》をしていた栃木県《とちぎけん》の田んぼでは、ヒメトビウンカというイネの害虫《がいちゅう》が多く見られました。この虫はイネにストローのような口をさして汁《しる》をすうのですが、その時、ウンカが持っているウイルスがイネに感染《かんせん》して、イネの病気を引き起こすことがあります。

無農薬《むのうやく》の田んぼでは、生きものがふえる代わりに害虫もふえてしまうおそれがあります。でもクモもふえるので、クモが害虫を食べてくれれば、生きものにとっても農業にとってもいいことずくめです。

そこで、クモの調査といっしょにウンカの数も調べてみました。おもしろいことに殺虫剤《さっちゅうざい》を使っていない田んぼでは、使っている田んぼにくらべて、ヒメトビウンカの成虫《せいちゅう》・幼虫《ようちゅう》が同じか、やや少ないことがわかりました。殺虫剤を使っていないのに、です。また、アシナガグモが多い田んぼほど、ウンカの幼虫も少なかったのです。直接《ちょくせつ》クモが食べているかどうかを調べる必《ひつ》要《よう》はありますが、クモがウンカを食べて数をへらしているのかもしれません。

ここで大切なことは、クモは害虫だけを食べているのではなく、エサとなるさまざまな生きものにささえられているということです。エサになる生物が多いとクモがふえて、その結果《けっか》、特定《とくてい》の生きもの（害虫）がふえないようにバランスがとれているのです。ですから、クモと害虫だけではなく、田んぼ全体の生きものどうしのつながりを見ることが大事なのです。

私が今興味《きょうみ》を持っているのは、「田んぼのクモが種類《しゅるい》ごとになにを食べているのか？」「ほかの生きものとどのような関係《かんけい》を持っているのか？」です。生きものどうしのつながりがわかることで、どの生きものが大事な役割《やくわり》を果《は》たしているのかがさらにくわしくわかります。これを解明《かいめい》するために、現在《げんざい》クモと生きものどうしの「食う」「食われる」関係を、ＤＮＡ分析《ぶんせき》などで調べています。もちろん生きものの力だけで完全《かんぜん》に害虫をおさえることはできませんから、クモの研究を通じて、農業と生物多様性《せいぶつたようせい》のよいバランスをさぐっていけたらと思っています。

出合いは夏休みの自由研究

私《わたし》が行ってきたクモの研究をいくつか紹介《しょうかい》しましたが、そもそもなぜそこまでクモが好《す》きなのか、気になる人がいるかもしれませんね。きっかけは、小学生のころにさかのぼります。

私は福岡県《ふくおかけん》北九州市で育ち、父親が生きもの好きだったため、自然《しぜん》と生きものに興味《きょうみ》を持ちました。昆虫《こんちゅう》の写真に夢中《むちゅう》になっていた父親のえいきょうで、自然にふれる機会《きかい》がたくさんありました。三さいのころには、近くの公園で種類《しゅるい》のちがうゾウムシをつかまえて部屋で遊んでいた記憶《きおく》があります。

小学生になると、夏休みの自由研究で生きものを調べることがよくありました。一年生の時は町内の昆虫、二年生の時はクロヤマアリの巣《す》づくり、三年生の時はヒョウタンの成長記録《せいちょうきろく》について研究しました。ただ、自分よりも親が熱心《ねっしん》で、正直めんどうに思っていました。

　クモとの運命の出合いは小学四年生の時でした。夏が近づいて、自由研究のテーマを親と相談していると、父親が「クモなんかおもしろいかもしれないよ」と言って、学研※の図鑑《ずかん》『クモ』（中平清《きよし》監修《かんしゅう》、松本誠治《まつもとせいじ》ほか著《ちょ》）を買ってくれたのです。ぐうぜんですが少し前に家の庭にりっぱなコガネグモがいて、草かりをするために近くの草むらににがそうと、手でつかんでかまれたことがありました。いたかったのですが、不思議《ふしぎ》なことに、それでクモがきらいになることはなく、むしろ気になる存在《そんざい》になっていました。

　そんな経験《けいけん》もあり、図鑑をパラパラとながめると、意外にもたくさんの種類がいて、「クモっ

クモ好きのきっかけになった図鑑。

※絶版《ぜっぱん》

てこんなにいるのか」とおどろきました。クモは巣《す》（網《あみ》）をつくるイメージを持っていましたが、巣をつくらないクモもいることを、この時初《はじ》めて知りました。

当時は家のまわりにたくさんの空き地や草むらがあったので、さっそくクモをさがしてみました。ためしに虫とり網で草むらをサッとすくってみると、けっこうな数のクモがとれました。全然《ぜんぜん》名前がわからないので、とりあえずクモたちを小さなケースに入れて、家に持ち帰って図鑑《ずかん》で名前を調べてみました。ウヅキコモリグモ、チャスジハエトリ、ナガコガネグモ、コガタコガネグモ、チュウガタシロカネグモ……。これまで聞いたこともないクモの名前が新鮮《しんせん》で、町内にこんなにもたくさんの種類《しゅるい》がいたのかと感動しました。

昆虫《こんちゅう》だったら、カブトムシやノコギリクワガタ、アゲハチョウなど、みなさんなにかしら種名を言えるでしょう。しかし、クモについては、おそらくクラスメートはもちろんのこと、おとなですら正確《せいかく》に名前を言えません。みんなが知らないことをぼくだけが知っていると、心がときめきました。

そこで四年生の自由研究では、「町の中で見つけたクモ」をテーマに、町内で見つけたクモを画用紙にスケッチして、自分が住んでいる町にどんな種類のクモがいるのかを調べました。これまであまり楽しいと思っていなかった自由研究でしたが、この時はとても楽しく感じました。そして、クモの名前だけではなく、生活についてもっと知りたいと思うようになりました。その時、出合ったのがイソハエトリというクモでした。

思い出のイソハエトリ

父親の仕事の関係《かんけい》で、夏休みには定期的《ていきてき》に福岡県《ふくおかけん》北九州市の馬島に行くことがありました。馬島は、瀬戸内海《せとないかい》北西部の響灘《ひびきなだ》にうかぶ島で、その形が馬ににているることにちなみます。港のまわりを歩いていると、フナムシばかりで、こんなところにクモがいるはずがないと思っていたのですが、ふとクモがいるのに気づきました。波しぶきがかかるようなところにもクモがいるのにおどろきましたし、いったいなんのクモだろうと興味《きょうみ》を持ちました。

家にもどって図鑑《ずかん》で調べると、ハエトリグモのなかまで、イソハエトリという名前のクモでした。説明文《せつめいぶん》には、「岩場を歩き回り、夜は岩のくぼみにふくろをつくって中に入る」と書かれていました。なぜふつうの草むらにいないで、こんな生活しにくい場所にいるのだろう？　どんな生活をしているのだろう？　とても気になりました。そこで五年生の夏休みの自由研究では、このなぞにつつまれたクモの生態《せいたい》を調べることにしました。

子ども一人が島で観察《かんさつ》をつづけるのはむずかしいので、家にクモを何匹《なんびき》も持ち帰り、プラスチック製《せい》の容器《ようき》で飼《か》って、その生活を調べました。このクモについてはほとんどなにもわからなかったので、食べものや巣《す》の場所、寿《じゅ》命《みょう》などを調べました。また、なぜ海の近くにいるのかを知りたくて、海の砂《すな》とふつうの砂のどちらを選《えら》ぶのかの実験《じっけん》も行いました。その結果《けっか》、メスは約《やく》二九二日、オスは約三〇〇日生きることや、岩と砂のすき間に巣をつくることなどの、基本的《きほんてき》な生活のようすがわかりました。

イソハエトリ

結局、なぜ海の近くにいるのかという疑《ぎ》問《もん》はとけませんでしたが、初《はじ》めてクモを飼《し》育《いく》して、くわしい生態《せいたい》を知ることができました。五年生の夏から飼育を始めて、夏休み中に研究は終わらず、六年生の夏休みに観察記録《かんさつきろく》をまとめました。その際《さい》、北九州市立自然史博物館《しぜんしはくぶつかん》（現《げん》・北九州市立いのちのたび博物館）の学芸員《がくげいいん》の先生にも助けてもらい、先生のすすめで、全国の小・中学生を対象《たいしょう》に行われている「自然《しぜん》科学観察《かんさつ》コンクール」に応募《おうぼ》しました。その結果《けっか》、なんと小学生の部で三位《い》に入賞《にゅうしょう》しました。

この研究を今あらためてふり返ると、そぼくな内容《ないよう》だったと感じますが、一つのことをつづける大切さを学びました。また、小学生のころのゆめは画家でしたが、このころから生きものの研究がおもしろいと感じるようになりました。

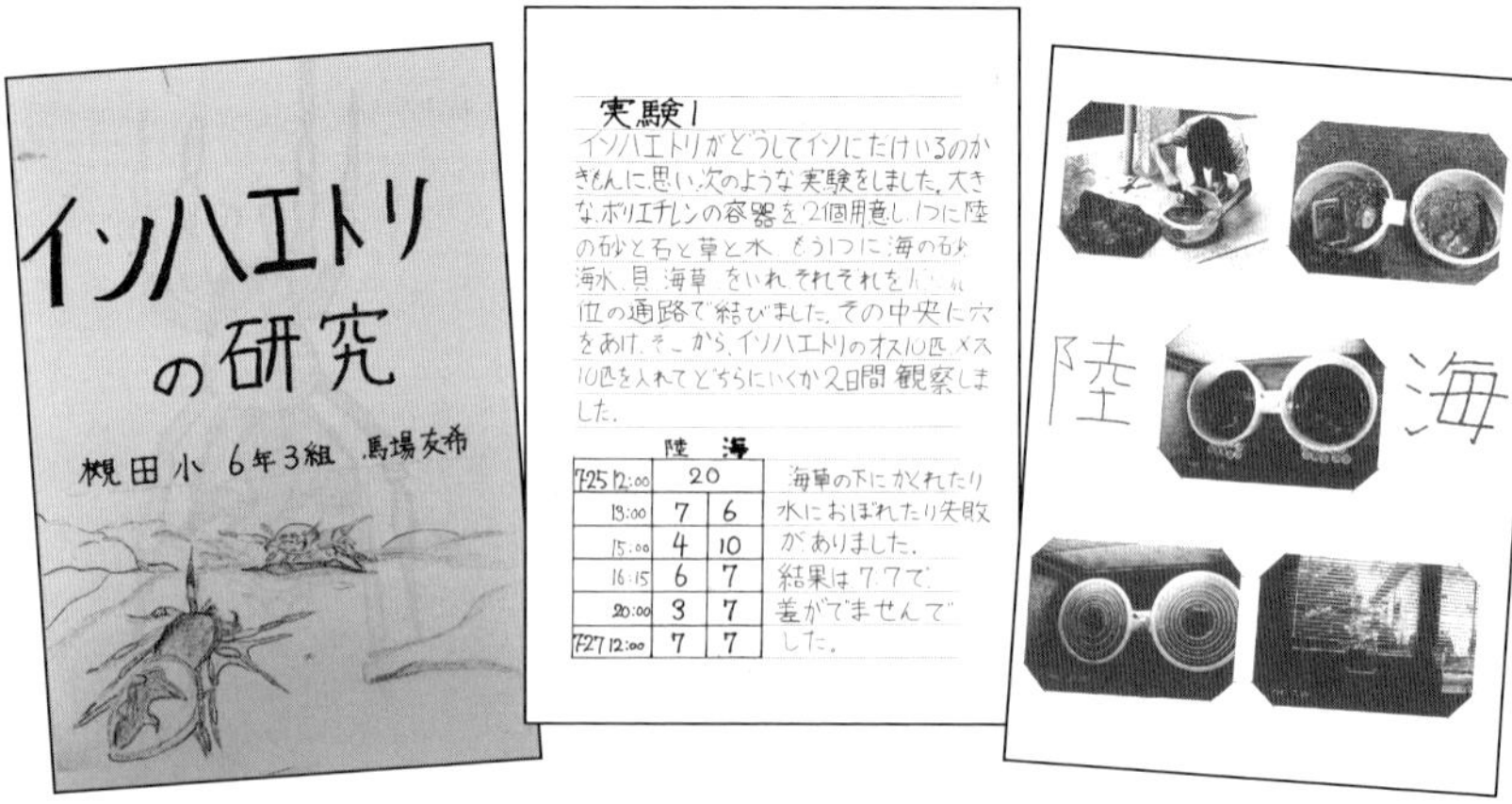

イソハエトリの特徴《とくちょう》や飼育《しいく》の記録《きろく》、実験《じっけん》結果などをまとめました。

研究者への道

ここまでの話から、私《わたし》がずっとクモが好きで研究をつづけてきたと思う人がいるかもしれません。でも実はそうではなかったのです。

小学校から中学校に進んで、科学部に入部しましたが、研究の対象はかわりました。当時よくおとずれていた博物館《はくぶつかん》で、北九州市に帰化したオオクビキレガイ（カタツムリのなかま）の展示《てんじ》に興味《きょうみ》を持ち、その生態《せいたい》を調べていました。そのころはクモだけではなく、陸貝《りくがい》から両生類《りょうせいるい》・は虫類にも興味が移《うつ》り、いろいろな生きものを飼育《しいく》することがブームでした。

ところが、高校進学後は生きものそのものへの興味がうすれてしまいました。その理由は今でもよくわかりませんが、勉強がいそがしくなったこと、学校で生物関係《かんけい》の部活動がさかんではなかったことがあげられます。卓球部《たっきゅうぶ》や音楽の同好会《どうこうかい》に入り、生きものとはかかわりのない日々《ひび》をすごしました。

　高校三年生になると、将来《しょうらい》のことを考えなければなりませんが、なにを目指しているのかがわからずにこまりました。しかし、小学校や中学校の時に大好《だいす》きだった生きもののことを思い出しました。高校ではスポーツや音楽など、いろいろなことに挑戦《ちょうせん》しましたが、どれもうまくいかず、最終的《さいしゅうてき》には本気で楽しめることは生きものだと気づきました。なやんだ末《すえ》、もう一度生きもののことを学んでみたいと思い、大学の理学部の生物学科を目指しました。

　なんとか希望《きぼう》どおりの大学・学部に入ることができて、そこで、再《ふたた》びクモを研究するきっかけに出合いました。一つは大学の生物研究部でした。生きものが大好きな人やくわしい人たちがたくさんいて、とても楽しい場所でした。私《わたし》とはくらべものにならないくらい生きものにくわしい人ばかりでおどろきましたが、そんな人たちでもクモだけはわからないという人が多かったのです。そこで、自分の持ち味をいかして、もっとクモにくわしくなろうと思いました。四年間、九州や沖縄《おきなわ》のさまざまな島をおとずれて、たくさんのクモを集めて名前をおぼえました。その時に集めた標本《ひょうほん》や知識《ちしき》は今でも私の宝物《たからもの》です。

もう一つのきっかけは、本との出合いでした。大学を卒業《そつぎょう》するためには、授業《じゅぎょう》に出て単位《たんい》をとる必要《ひつよう》がありますが、その最後には卒業研究を行わなければなりません。私は当然《とうぜん》クモの研究を進めるつもりでしたが、それまでクモを採集《さいしゅう》して名前を調べるだけで、どういうテーマで研究を進めればよいのかがわかりませんでした。なやんでいた時に、ちょうど東京大学出版会《しゅっぱんかい》から※『クモの生物学』（宮下直《ただし》 編《へん》）という本が出版されることを知りました。その本には当時の最先端《さいせんたん》の研究がまとめられているとのことで、研究のヒントになるかもしれないと思って買ってみました。読んでみると、その内容《ないよう》はまさに目からうろこが落ちるものでした。

まずクモの生態《せいたい》がさまざまな国で研究されていること、そして、日本でも

※絶版《ぜっぱん》

世界で通用する研究成果《せいか》を出していることを知りました。とくに感動したのは、二章でも紹介《しょうかい》した白帯《はくたい》のことでした。コガネグモやウズグモのなかまが網《あみ》にさまざまなかざりをつけることを知っていましたが、それが実は紫外線《しがいせん》を反射《はんしゃ》し、獲物《えもの》を網に引きよせる役割《やくわり》を果《は》たしていること（さらにそのほかの役割を持つこと）が紹介されていたのです。「野外でよく見かけるクモたちがこんなすごい能力《のうりょく》を持っているなんて！」と感激《かんげき》しました。この本のえいきょうで、卒業《そつぎょう》研究では、ゴミグモのつくるゴミの装飾物《そうしょくぶつ》がどのような役割を持つかについて調べました。その後もまだまだクモのことを研究したいと思って、大学院ではこの本を書いた宮下先生の指導《しどう》のもと、本格的《ほんかくてき》にクモの生態《せいたい》を研究して、今にいたっています。

以上《いじょう》が、私《わたし》が研究者を目指したきっかけです。研究者になるきっかけは人それぞれですが、私にとって大きかったのは本や図鑑《ずかん》との出合いでした。本を読むことがあまり好《す》きではない子どもでしたが、数少ない本の中には自分の人生をかえるほどの大きな感動をあたえてくれるものがありました。ですから、少しでも気になる本があったら読んでみることをおすすめします。その時、役立たなくても、あとになって役に立つかもしれませんから。

また、高校生の時に、生きものの研究以外《いがい》のことをたくさん経験《けいけん》したこともよかったです。スポーツや音楽に挑戦《ちょうせん》しましたが、なかなかうまくいきませんでした。その経験から、再《ふたた》び生きものに興味《きょうみ》を持つようになりました。たくさん経験することで、自分の好きなことや、とくいなことがわかってきました。そして、好きなこととことくいなことはまた別《べつ》だとも気づきました。若《わか》いうちに失敗《しっぱい》してもいいと思います。だって、失敗から学ぶことができるし、何度でもチャレンジできるからです。だから、いろんな経験をすることは自分のことを知るためにもとても大切だと思います。

生きものの研究はおもしろい!

　クモという一つの生きものでもわかっていないことがたくさんあり、ほり下げるといろいろなことが理解《りかい》できておもしろいです。クモは五万種以上《しゅいじょう》もいますが、生態《せいたい》がわかるものはごくわずかです。網《あみ》をはるかどうかもわかっていない種もいます。また、自然界《しぜんかい》にはクモ以外の生きものがさらにたくさんいます。少なくとも百五〇万種以上の名前のついた生きものがいますから、生きものを調べてわかることは無限大《むげんだい》なのです。

　生きものは私《わたし》たちにたくさんのクイズを出してくれます。そして、その問題は答えがむずかしく、先生に聞いても、インターネットで検索《けんさく》してもわからないことがほとんどです。それを明らかにするのが、まさに研究の世界です。世界のだれも知らない答えをさがすことはおもしろいですし、その答えにたどり着けた時はこの上のないよろこびを感じられます。

研究を始めるきっかけは、どんな小さなことでもよいと思っています。私も最初《さいしょ》、身近なクモの名前はなんだろうという疑問《ぎもん》から始まり、いろんなクモを調べているうちに、だれも知らないクモを見つけました。まずは身近な自然に興味《きょうみ》を持ち、そこで、なにか興味のあることや気になることが見つかったら、もうけものです。私はクモに興味を持ってから、まさかそれが将来《しょうらい》の仕事につながるとは想像《そうぞう》もしていませんでした。もちろん、研究は楽しいことばかりではありません。なかなか答えがわからず、苦しい思いをすることもありますが、生きものたちは確実《かくじつ》に私の人生をゆたかにしてくれました。

私が本格的《ほんかくてき》にクモを研究するきっかけになったイソハエトリも、どうして海辺にすんでいるのかはいまだに答えが出ていません。今はなかなか調べることができていませんが、この小学生からの自由研究もいつかちゃんと終わらせたいと思っています。

イソハエトリ
また研究したいな……

おわりに

子どものころから生きものが好《す》きで、とくにクモには、私《わたし》の人生をゆたかにしてもらいました。今回はクモにクローズアップしていますが、今までに飼《か》ったことのあるドジョウや魚、カメ、イモリ、カエルなど、さまざまな生きものが人生にいろどりをそえてくれました。

この本を書くきっかけは、二〇二二年の夏に受けた『図書館教育ニュース』という、学校図書館（図書室）に掲示《けいじ》される写真ニュースの取材《しゅざい》です。少年写真新聞社の方と知り合い、取材の中で「いつか子ども向けの本を書けたら」と語りましたが、その後、本当に執筆《しっぴつ》の機会《きかい》をいただけました。

これまでクモについて、こんなおもしろいことを一部の人だけが知っているのはもったいないと思い、図鑑《ずかん》や一般向《いっぱんむ》けの本を書いたことがありましたが、子ども向けの本を書いたのは今回が初《はじ》めてです。しかし、いざ書いてみると、おとなが読む本とは書き方が一味も二味もちがっており、児童書《じどうしょ》を書くことがいかにむずかしいかを強く感じました。物事をしっかり理解《りかい》しないと専門用語《せんもんようご》をわかりやすく説明《せつめい》できませんので、四苦八苦しましたが、それによって自分のクモへの理解もさらに深めることができました。この本をきっかけにクモに興味《きょうみ》を持つ人がふえたら、とてもうれしいです。またこの本では私《わたし》が研究者を目指すきっかけやその過程《かてい》も書きましたので、研究者・科学者を目指す人にとってもなにかの手助けになればよいなとも思います。

最後《さいご》になりますが、このような貴重《きちょう》な機会《きかい》をくださり、文章に対しても的《てき》確《かく》なコメントをいただいた少年写真新聞社の菅田成美《すがたなるみ》さんに感謝《かんしゃ》申し上げます。そして、文章を読んでくれた谷川明男先生、妻《つま》と娘《むすめ》、クモを好きになるきっかけをくれた両親に感謝《かんしゃ》します。

馬場友希《ゆうき》

自由研究のタネ

みなさんの身近にいるクモを観察《かんさつ》してみませんか。ここでは、自由研究のヒントになりそうなテーマをいくつか紹介《しょうかい》します。

どんなクモがいるのかな？

身近な環境《かんきょう》にも、おどろくほど多くのクモがすんでいます。

・家の中や家のまわり、町内にはどんなクモがいるのかな？
・どの種類《しゅるい》のクモが多いのかな？ 何種いるのかな？
・季節《きせつ》によって、見られるクモの種類はちがうのかな？

クモの一生を調べてみよう

日本には1700種ものクモがいますが、何回脱皮《だっぴ》して、何個《なんこ》卵《たまご》を産《う》んで、どのくらい生きるのかなど、一生がわかっているクモはごく一部です。

・野外でいつごろからあらわれるのかな？
・いつごろ、成体《せいたい》になるのかな？
・どんな卵をどこに産むのかな？
・どうやって冬をこすのかな？

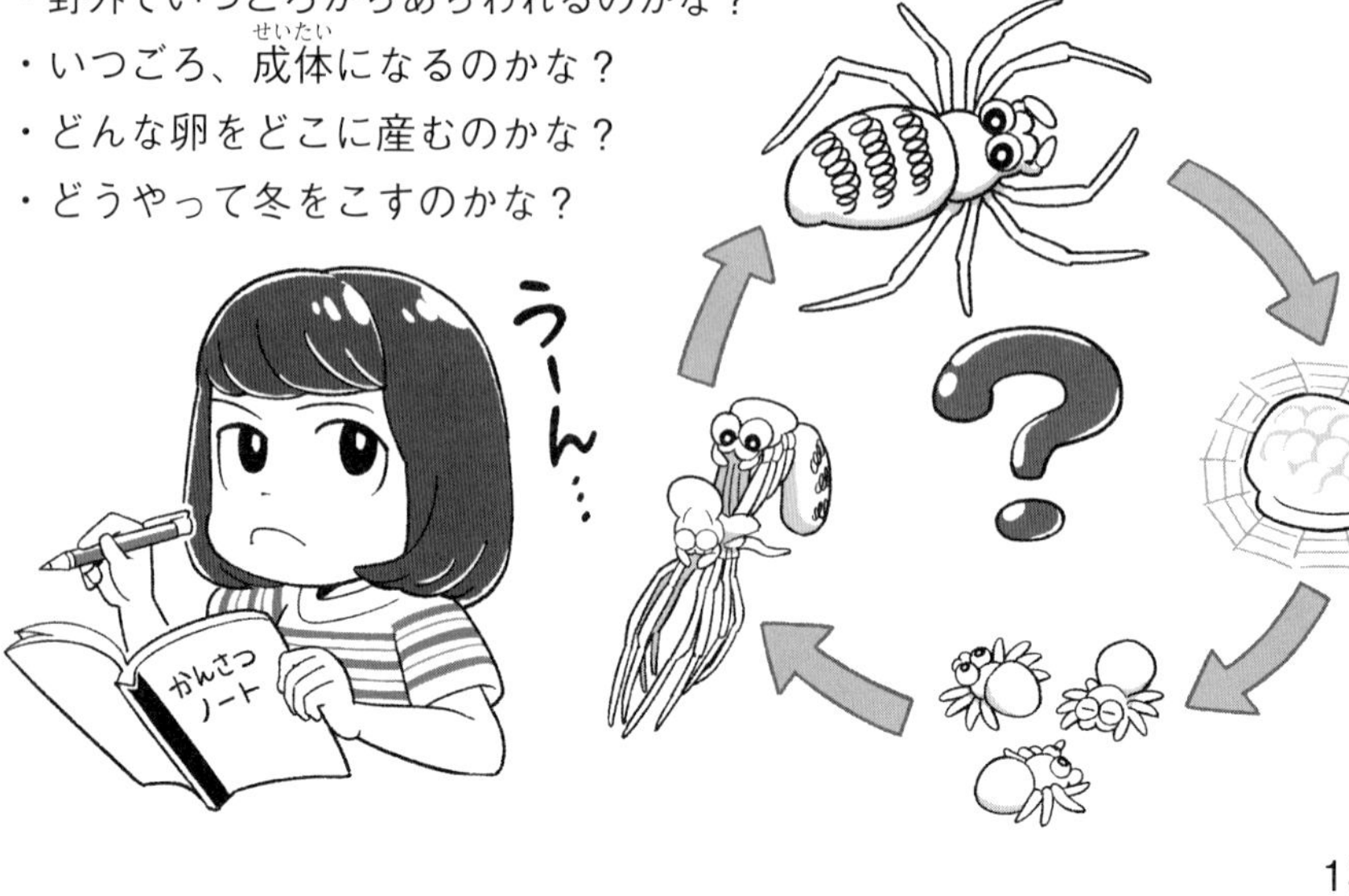

どんな網《あみ》をはるのかな？

網のはり方が、よくわかっていないクモが多いです。

・種類《しゅるい》によって網をはる時間帯《じかんたい》や形、はり方、はる場所はちがうのかな？
・網の大きさや網をはるのにかかる時間は、みんな同じかな？
・網の上のどこにクモがいるかな？ 毎日はりかえるのかな？ ずっとはったままかな？

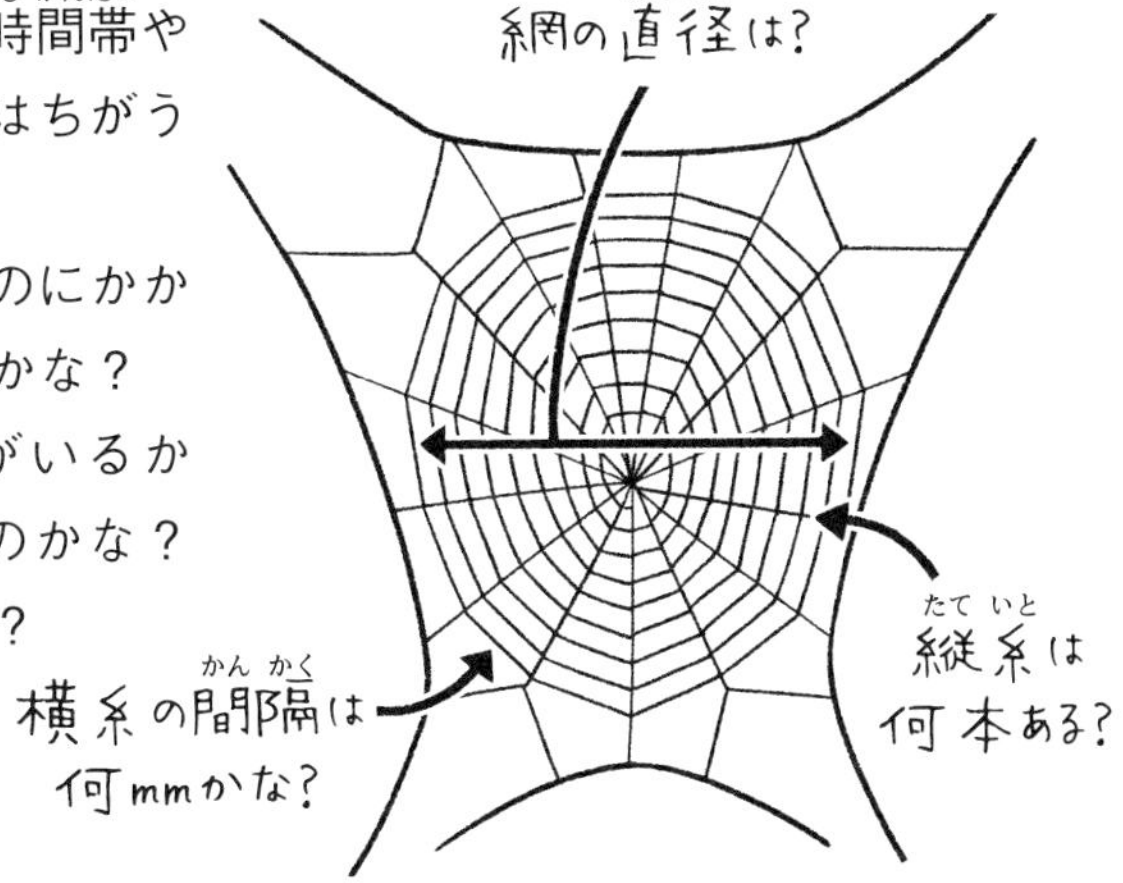

どんなエサを食べるのかな？

クモの網を観察《かんさつ》すれば、どんなエサを食べているのかがわかります。

・網でどんな獲物《えもの》をとらえているのかな？ 1日にどのくらいの量《りょう》のエサを食べているのかな？
・網の大きさや場所によって、つかまる獲物の数や種類はかわるのかな？
・どうやって獲物をつかまえるのかな？ 自分よりも大きな獲物は食べられるのかな？

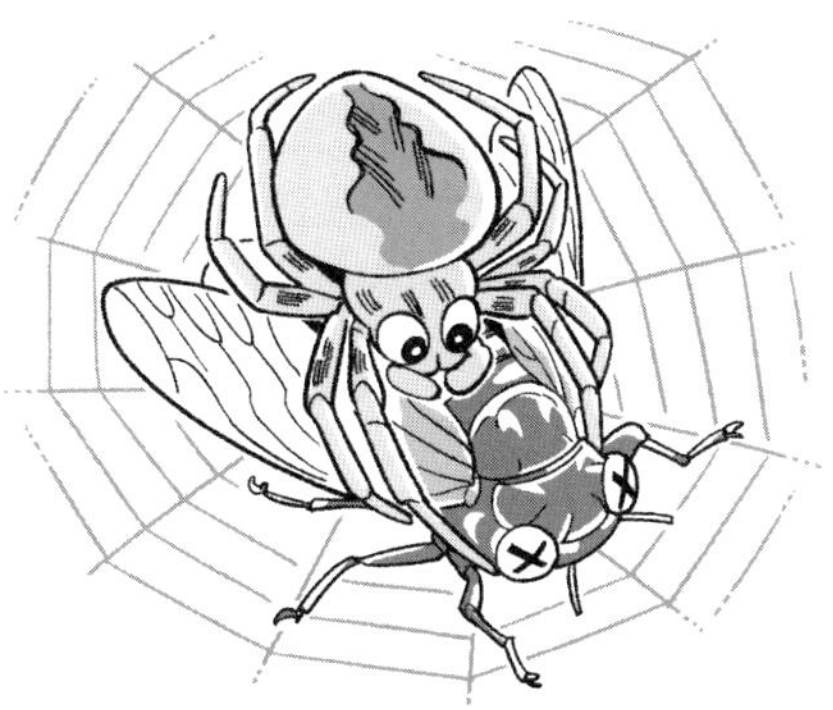

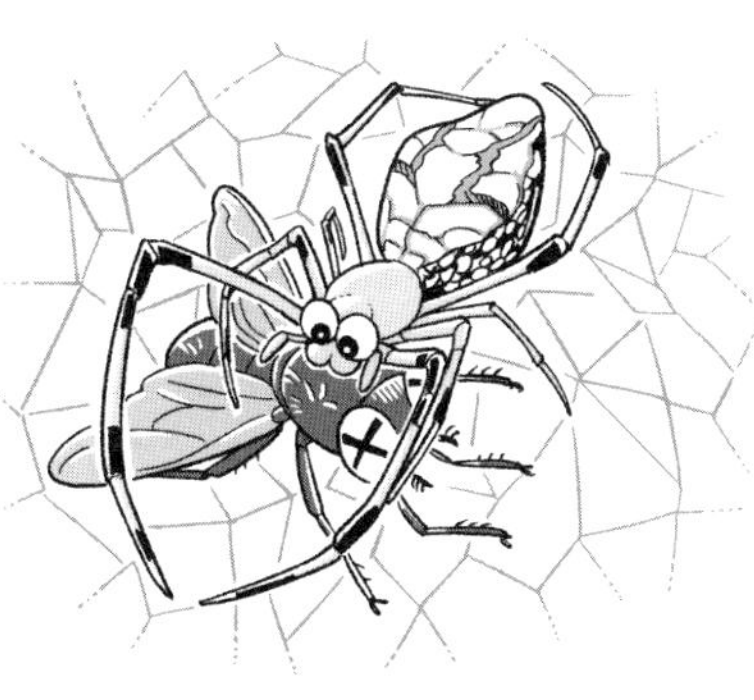

クモに関《かん》する本・ウェブサイト

児童書、絵本

- 『クモの巣図鑑《すずかん》　巣を見れば、クモの種類《しゅるい》がわかる！』
  偕成社《かいせいしゃ》 刊《かん》／新海明 著《ちょ》／谷川明男 写真

- **物語**『すごいぞ！ クモの探偵団《たんていだん》』
  あかね書房《しょぼう》 刊／谷本雄治《ゆうじ》 作／羽尻利門《はじりとしかど》 絵

- **絵本**『くも』
  文化出版局《ぶんかしゅっぱんきょく》 刊／新宮晋《しんぐうすすむ》 作

- **絵本**『まちぼうけの生態学《せいたいがく》　アカオニグモと草むらの虫たち』
  福音館書店《ふくいんかんしょてん》 刊／遠藤《えんどう》知二 文／岡本よしろう 絵

身近なクモを調べたい！

- 『クモハンドブック』
  文一総合出版《ぶんいちそうごうしゅっぱん》 刊／馬場友希《ゆうき》、谷川明男 著

- 『クモの巣ハンドブック』
  文一総合出版 刊／馬場友希、鈴木佑弥《ゆうや》、谷川明男 著

- 『ハエトリグモハンドブック　増補改訂版《ぞうほかいていばん》』
  文一総合出版 刊／須黒達巳《すぐろたつみ》 著

もっと生態を知りたい！

- 『クモの奇妙《きみょう》な世界　その行動・姿《すがた》・能力《のうりょく》のすべて』
  家《いえ》の光協会《ひかりきょうかい》 刊／馬場友希 著

- 『クモのイト』
  ミシマ社 刊 ／中田兼介《けんすけ》 著

- 『世界のクモ　分類と自然史《しぜんし》からみたクモ学入門』
  グラフィック社 刊／ノーマン・I・プラトニック 編《へん》／奥村賢一《おくむらけんいち》、小野展嗣《ひろつぐ》 監修《かんしゅう》／西尾香苗《にしおかなえ》 翻訳《ほんやく》

クモの専門家《せんもんか》・愛好家《あいこうか》の集まり

- 「日本蜘蛛《くも》学会」
  クモに関心がある人はだれでも入会できます。
  https://www.arachnology.jp
- 「KISHIDAIA」
  東京蜘蛛談話会《だんわかい》の会誌《かいし》。さまざまな観察記録《かんさつきろく》がのっています。
  https://sites.google.com/view/kishidaia

自由研究の参考《さんこう》になるサイト

- 「理科自由研究データベース」
  小学生や中学生、高校生の自由研究について、どのような研究が発表されているのかを調べることができます。
  http://sec-db.cf.ocha.ac.jp
- 「日本学生科学賞《かがくしょう》データベース」
  中学生、高校生を対象《たいしょう》にした科学コンクールの過去《かこ》の受賞作品を調べることができます。
  https://event.yomiuri.co.jp/jssa/prize/search

【著者紹介】

■ 著者　馬場 友希（ばば ゆうき）

1979年福岡県生まれ。九州大学理学部生物学科卒業。

東京大学大学院・農学生命科学研究科博士課程修了、博士(農学)。

現在、農研機構 農業環境研究部門、上級研究員。クモの生態や農地の生物多様性について研究を行っている。

著書：『クモハンドブック』（共著、文一総合出版）『クモの巣ハンドブック』（共著、文一総合出版）、『クモの奇妙な世界 その姿・行動・能力のすべて』（家の光協会）など。

写真提供

谷川 明男：表紙「ムツトゲイセキグモ」、口絵「アオオビハエトリ」「ミズグモ」、
（東京大学）
p.25「オオジョロウグモ」、p.43「横糸」、p.51「カラカラグモの網」、「ムラクモヒシガタグモの網」、p.59「キムラグモのなかま」、p.83「アシダカグモ」

鈴木 佑弥：口絵「コケオニグモ」、p.63「アマミアズチグモ」、p.125「イソハエトリ」
（徳島県立博物館 主任学芸員）

吉田 譲：p.107「ババハシリグモ」

そのほかは馬場 友希

イラスト・装丁　小野寺 清

知れば楽しいクモの世界 ～網のひみつと忍者のような能力!? ～

2024年12月20日　初版第１刷発行

著　者　馬場 友希

発行人　松本 恒

発行所　株式会社 少年写真新聞社

〒102-8232　東京都千代田区九段南３-９-14

Tel（03）3264-2624　Fax（03）5276-7785

https://www.schoolpress.co.jp

印刷所　株式会社精興社

製本所　東京美術紙工

ISBN 978-4-87981-814-0　C8095 NDC485

本書の訂正・更新情報を、弊社ホームページに掲載しています。
https://www.schoolpress.co.jp/「少年写真新聞社 本の情報更新」で検索してください。

ちしきのもり

『みんなが知りたい 放射線の話』谷川勝至 文
『知ろう！ 再生可能エネルギー』馬上丈司 文　倉阪秀史 監修
『500円玉の旅』泉 美智子 文
『はじめまして モグラくん』川田伸一郎 文
『大天狗先生の㊙妖怪学入門』富安陽子 文
『町工場のものづくり』小関智弘 文
『本について授業をはじめます』永江朗 文
『どうしてトウモロコシにはひげがあるの？』藤田智 文
『巨大隕石から地球を守れ』高橋典嗣 文
『「走る」のなぞをさぐる～高野進の走りの研究室～』高野進 文
『幸せとまずしさの教室』石井光太 文
『和算って、なあに？』小寺裕 文
『英語でわかる！ 日本・世界』松本美江 文
『本当はすごい森の話』田中惣次 文
『小林先生に学ぶ 動物行動学』小林朋道 文
『知ってる？ 郵便のおもしろい歴史』郵政博物館 編著
『「感じ」が伝わるふしぎな言葉』佐藤有紀 文
『将棋の駒はなぜ歩が金になるの？』高野秀行 文
『「いただきます」を考える』生源寺眞一 文
『もしもトイレがなかったら』加藤篤 文
『どうして黒くないのに黒板なの？』加藤昌男 文

以下、続刊

網《あみ》をはらないクモ

植物の中で生活するクモ

アシダカグモ科
キシダグモ科
フクログモ科
コマチグモ科
ハエトリグモ科
ササグモ科
カニグモ科
ワシグモ科
エビグモ科

地表で生活するクモ

コモリグモ科
ウラシマグモ科

地中で生活するクモ

キムラグモ科
ジグモ科
カネコトタテグモ科
トタテグモ科